KB212160

우코크의 얼음공주

우코크의 얼음공주

활안 한 정 섭 著

꽃과 별빛의 무늬

불교정신문화원

차례

1. 이 책은 알타이 고대 유적 가운데 우코크의 얼음공주를 배경으로 구성된 것이다.

2. 우리의 조상 알타이 사람들의 삶과 생각을 우주 생물학적인 입장에서 풀고

3. 과학 문명의 혜택 속에 핵무기를 발굴하여 무참히 살상을 일삼는 현대인들의 지각(智覺)을 촉구했다.

4. 실로 이 세상은 어느 민족 국가의 전유물이 아니다. 모든 인류가 함께 살아가야 할 유토피아이다.

5. 이 글의 근본자료는 서길수 박사님의 "알타이"가 씨가 되고 강상원 박사님의 "MU대륙" 그리고 김지수 박사님의 "동양의 법사상"이 날줄이 되었다.

6. 이 세상의 모든 학문이 자기 출세와 번영을 위해 연구되는 것이지만 그 연구가 자기 세계에서만 그치지 않고 세계 인류에까지 널리 사랑을 베푸는 계기가 된다면 글 쓰는 이는 물론 살아가는 모든 사람들의 보람이 그 가운데 있지 않을까 생각된다.

7. 모두 함께 행복해지기를 바란다.

8. 이 책을 정리하고 출판하는데 애써주신 금강선원 식구들(서박사님과 조과장)과 이화문화사 직원 여러분들께 감사드리고 추천사를 써 주신 몽골불교 대학 체데브 총장님께 감사드립니다.

세상 끝 우코크는 하늘 문(天門)이 열리는 곳이다.
해발 2000m가 넘는 알타이의 기후 속에 찬바람을 동반한
비가 자주 내려 사람은 살 수 없으나 깊은 골 넓은 호수 때
문에 사시사철 동식물들의 낙원이 되고 있다.

20m쯤 되는 꾸르간(묘지)
4.6×5.6m 네모꼴 구덩이 속에
깊이 2.8m 넓이 2m, 높이 1.1m의 통나무 방 속에
남쪽을 향해 누운 지 2500년
말없이 누워있던 사람, 그 이름이 얼음 공주다.

복잡한 구조를 가진 가발로 세 갈래 머리를 하고
금박 입힌 관 속에 표범 꼴을 한 장식품들이 둘러 쳐져 있었다.
귀에는 금 고리, 머리에는 고소씨

팔과 손가락을 덮고 있던 무늬들은 다른 사람에게서는
볼 수 없는 특수 문양이 있었으므로 모스크바 과학연구소에
보내져 감정한 뒤 처음 발견된 모습 그대로 노보시비리스코
러시아 아카데미 시베리아 분원에 모시게 하였다.

1991년 처음 발견되어 94년까지 연구되고
"베르떽 계곡의 고대문화"라는 책자가 나오면서
반만년 청동기 시대로부터 현대의 민속학까지

우코크의 역사가 구체적으로 공개되면서
98년 세계유산에 등록되었으니
10년도 안 되는 짧은 시간에 세계의 이목이 집중된 것이다.

2001년 뽈로스막 교수의 저서를 배경으로
활안스님께서 당시의 천문학, 인문학, 생물학을
현대물리학에 비추어 사실대로 기록하니
인류의 행복을 기원했던 얼음공주의 소원이
한꺼번에 풀어지는 것 같다.

끝없는 상상력 속에서 글을 쓰는 재주는 말할 것도 없지만
평화롭고 순수한 자연의 모습을 도덕적 관념으로 재생시켜
생존경쟁 약육강식으로 살 줄만 알고 죽을 줄을 모르는
현대인들을 깨우쳐 주고 있으니
이보다 기쁜 일이 어디 있겠는가.

그래서 나는 이 글에 추천서를 쓰고 얼음공주의 원과 같이
이 세상이 전쟁 없고 반목 없는 세계가 되기를
손 모아 기원한다.

서기 2014년 12월 을미년을 바라보면서

몽골 불교대학 총장 철학박사 체데브 씀

보라.
저 우코크의 아름다운 여인을!

2500년 동안
얼음 속에서

세계 평화와
인류의 행복을 위해서
기도하고 있는 여인을!

우코크의 얼음공주
우코크의 얼음공주,

잠 못 드는 사람에겐 밤은 길고
배고픈 사람에겐 낮이 길다

세계의 전쟁
기아, 공포 속에서
고통 받는 사람들을 위해서
잠 못 든 여인!
밤은 길어라

세계의 평화와
인류의 행복을 위하여
기도하는 여인을
나에게 조금 거슬린다고
마녀라 부른다면 되겠는가!

갑오년 동지

저자 활 안

뽈로스막 교수의 꿈(夢)

새벽 2시 30분.

갑자기 천문(天門)이 열리며 아꼠강과 아꼠계곡이 장관을 이루더니 밸루하산의 빙하가 갑자기 무너져 내렸다.

만년설이 녹아 용트림하듯 악-알라하가 야생화 꽃밭을 형성하더니 갑자기 그 가운데 안개와 같은 여인이 나타났다.

"나는 얼음공주입니다. 2500년만에 다시 세상 구경을 하게 되니 마음이 설레며 두근거립니다."

"어디 사십니까?"

"우코크에 있습니다."

황금색 찬란한 백인 얼굴을 한 얼음공주는 감히 이 세상에서는 볼 수 없는 미인이었다.

훤칠한 키에 몸 안이 훤히 들여다보이는 부드러운 옷을 입었는데 온 몸에는 아름다운 꽃무늬와 훨훨 날아가는 나비가 춤을 추는 문신이 그려져 있었다.

손을 대기만 하면 툭 터질 것 같은 부드러운 살결…

그 살결로 보아서는 17~8세 묘령의 아가씨로 보였지만 반짝거리는 눈빛은 이 세상의 온갖 능력을 갖춘 80노인으로 이해되었다.

매우 의심스러웠다.

"공주일까, 왕후일까, 아니면 샤먼가의 추장일까?"

일곱 갈래로 묶은 머리는 일곱 별들이 반짝이듯 빛나고 두 눈은 해와 달 코는 오똑하면서도 곧고 끝이 둥글게 생겼다.

복스럽게 늘어진 귀, 거기서 어른거리는 귀고리는 봄바람처럼 살랑거렸다.

너무 감동하여 가까이 가서 만지려 하니 구름처럼 사라져 버렸다.

"아! 이상도 하다."

눈을 떠보니 한 가닥 꿈이었다. 너무도 섭섭하고 안타까운 마음에서 다시 한 번 잠을 청해 보았으나 눈이 감겨지지 않았다.

뽈로스막 교수는 잠자리에서 일어나면서 생각하였다.

'오늘 우코크에서 발굴 작업을 하기로 되어 있는데 혹 그 주인공이 아닐까?'

아침 일찍 일어나 도구를 챙겨 가지고 비행장으로 나가니 벌써 7~8명의 일행들이 모여 기다리고 있었다.

"어서 오십시오, 뽈로스막 교수님. 오늘 좋은 꿈 꾸셨습니까?"

까류쉰 시인이 이렇게 말하니 까디꼬프 교수가 말했다.

"무지개를 보아야 합니다. 우리가 여러 차례 탐사를 하였지만 이렇다 할 성과를 거두지 못하고 있으니 안타까울 뿐입니다."

뽈로스막 교수는 자신에 찬 듯 말했다.

"좋은 일이 생길 것입니다. 걱정하지 마십시오."

하고 주먹을 꼭 쥐어 보였다.

비행기는 공교롭게도 벨루아산 아껨빙하와 또 다른 빙하를 지나 벨루하산 정상을 한 바퀴 돌고 빙하가 녹아 내려 악-알라하 평야를 이룬 산천 계곡을 한 바퀴 돌고 나서야 푸른 초원에 내려앉았다.

'아, 어쩌면 어제 저녁 꿈에 보았던 산천을 있는 그대로 보여 주고 있을까? 이번만은 꿈도 참으로 영험하구나.'

푸른 초원의 꾸르간

까류쉰 시인이 말했다.

"오늘 우리가 할 일이 이것입니다. 2500년 전 꾸르간(묘지)입니다만 아직 누구도 손을 댄 일이 없는 신성한 곳입니다."

"한 번 재어 보십시오."

"지름이 20m 정도 됩니다."

"일꾼들을 시켜 우선 덮개들을 들어내 보겠습니다."

"조금 기다리십시오, 아무리 꾸르간(묘지)이라 하더라도 차 한 잔 올리고 고해야지요."

하며 뽈로스막 교수는 간단히 준비해 온 제물들을 묘지 앞에 차려 놓고 차를 한 잔 따랐다. 그리고 말했다.

"아뢰옵기 황송하오나 알타이 유적 탐사단에서는 매년 한 곳씩 옛 무덤과 석벽을 탐사하며 우리 조상들의 삶을 찾아 보고 있습니다. 저희들이 발굴하고 있는 물건들은 한 가지도 개인적으로 가져가지 않고 국가적 차원에서 보호하고 있으니 저희들이 하는 일을 이해하시고 도와주시기 바랍니다."

함께 왔던 일행들이 모두 함께 무릎을 꿇고 절하였다.

그리고 먼저 흙 한 삽과 돌덩이 하나씩을 꺼내 조심스럽게 한 쪽에 놓고 돌을 들어내기 시작하였다.

그리고 지역 주민들께 물었다.

"이 산 높이가 얼마나 됩니까?"

"2000m 정도 됩니다."

"이 묘지가 조성된 지 얼마나 된 줄 아십니까?"

"우리도 확실히 알 수 없습니다. 단지 오래 되었다는 것만은 틀림없습니다."

얼마쯤 파고 들어가니 4.6×5.6m 되는 네모꼴의 방이 나왔다.

무엇이 펑 하고 터지는 소리가 나더니 하얀 안개 같은 연기가 하늘로 올라갔다.

"방 넓이 2m 정도에 높이가 1m 됩니다."

"명당자리인 것 같습니다."

"조심스럽게 주위를 쓸어내십시오."

"들여다보니 2m 정도의 널 바닥 속에 주위 사방을 통나무로 세 겹 쌓아 돌담이 짜여 있습니다.

그리고 그 사이에는 개울 돌을 주워다가 채웠는데 바깥 칸은 굵은 돌을 채우고 중간 칸은 중간 돌을, 그리고 속 칸은 아주 잔돌로 꽉 채워 놓있습니다. 모두가 단단한 개울 돌들입니다."

들여다보니 그 사이에 물들이 고여 얼음을 형성하고 관 속의 물건들도 모두 얼음 속에 그대로 저장되어 있었다. 속이 훤히 들여다보이자 한 사람이 외쳤다.

"더운 물을 가져 오세요."

사람들이 잠깐 쉬는 사이 물을 데워 천천히 얼음을 녹이니 관 주위에서 두꺼운 벨트, 짐승 가죽, 금박 옷과 마구(馬具) 등이 나왔다.

"보통 사람들은 시체 옆에 자신이 타고 다니던 말이나 종을 순장하여 놓는데 여기에는 그런 것이 없는 것 같습니다."

"독신녀인가?"

"관은 어떻게 되어 있는가?"

"관 뚜껑이 금박으로 입혀져 있는데 생명나무 위에 새 무늬가 그려져 있습니다."

"귀한 여인이로구나, 조심스럽게 관을 열어보라!"

모든 사람들이 숨을 죽이면서 조심스럽게 관 뚜껑을 벗기니 시체가 얼음 속에 그대로 잠자고 있었다.

뽈로스막 교수가 꿈속에서 본, 이름을 알 수 없는 바로 그 여인이었다.

"온기를 쏘이면 상할 염려가 있으니 우선 얼음 관을 그대로 들어 냉동실에 보관하도록 하십시오."

즉시 관을 들어 비행기 냉동실로 옮겼다.

그리고 특수복을 한 의사 한 사람과 교수 두 사람이 따라갔다.

"뇌와 창자는 꺼내 별도로 보관한 것 같습니다."

"자세히 보십시오. 손을 대도 괜찮겠는지?"

의사가 자세히 살펴보더니 말했다.

"매장 직전에 미리 처리한 것 같습니다. 머릿속에는 풀과 양털로 채워졌고 배에는 말갈기와 꼬리털이 꽉 차있습니다."

"참으로 영리한 사람들이군요. 사람이 죽으면 뇌와 창자가 먼저 썩거든!"

"그렇다면 널판 주위의 물건들을 수집해 보십시오."

"무엇이 있습니까?"

"바로 관 옆에 말 한 마리가 누워 있고 부장된 거뭇거리가 있습니다."

"꺼내서 물로 씻어 말리십시오. 마른 뒤에 의사와 함께 검시 하겠습니다."

우코크의 얼음공주

사람들은 조심스럽게 냉장실에 들어가 시체를 꺼내놓고 관찰하였다.

"언제 사람 같습니까?"

"목에는 금목걸이가 걸려 있고, 귀에는 귀고리가 작은 고리들로 연결되어 있는 것으로 보아 2~3천년 전의 사람인 것 같습니다."

"머리맡에는 고소씨가 돌 접시에 담겨져 있고요."

"아마 부식하지 말라고 그렇게 놓아둔 것 아닐까요?"

"몸에는 여러 가지 동물 무늬와 곤충의 그림이 정교하게 그려져 있는데요."

"체질은 백인 체질인데 황금빛이 나는 것으로 보아 황인종과 백인종이 합해진 것 같습니다."

"머리는 점토로 만든 가발을 세 갈래로 땋아 일곱 개로 묶어놓았습니다."

"중앙에는 황금 장식을 한 빨간 댕기에 뿔 달린 사슴이 교묘하게 버티고 서 있습니다."

"스키타이 종족이 아닐까요?"

"빠지락 사람이 틀림없는 것 같습니다. BC 6천년부터 2천년 사이에 이곳에서 빠지락 사람들이 살고 있었으니 말입니다."

"당시 사람들은 자신들의 민족과 부족들이 세습적으로 살아왔던 풍습은 물론 하늘, 땅, 물에서 사는 물고기까지도 그려 놓았습니다."

"그래서 백조, 거위, 염소 등 여러 가지가 그려져 있는 게 아닐까요? 말 안장에 아름다운 꽃무늬가 있는 것까지도 같고 가지고 다니던 악기까지도 꼭 같습니다."

"모두 이것은 그들이 먹고 살던 식물이거나 숭배의 대상, 사랑하는 동식물이었기 때문에 그들의 생활의식과 연관해서 그려 놓은 것 같습니다."

까류쉰 시인이 말했다.

"오늘은 진짜로 대박이 난 것 같습니다."

"축하합니다."

모두 축하하며 모여든 주민들과 대파티를 열었다.

"여러분들은 영광입니다. 이 묘의 주인공을 무엇이라 이름 지으면 좋겠습니까?"

"이 지역 이름을 따서 '우코크의 여인'이라 하는 것이 좋을 것 같습니다."

"얼음 속에서 나왔으니 '얼음공주'로 부르십시오."

"좋습니다. '얼음공주'로 부르면 우코크의 이름까지 한 번에 빛날 것 같습니다."

뽈로스막 교수는 아무리 생각해도 영원히 잊을 수 없는 일이었다. 너무나도 꿈과 일치된 사건이 벌어졌으니 말이다.

"이것은 진실로 보통 일이 아니니 여러 학자들을 모아 체계 있게 연구하여야겠습니다."

하고 바로 시체를 연구실로 옮겨 그동안 발굴된 내용을 정리하여 3년 만에 정부에 보고하였다.

그런데 학교에 가니 마침 그날 유네스코에서 귀한 손님들이 박물관 구경을 하러 왔다.

연구실에 이르러 얼음공주를 보더니 깜짝 놀랐다.

"오! 어젯밤에 한 여인이 날개를 펴고 하늘 높이 날아오르는 것을 보았는데 얼음 속을 들여다보니 그 모습과 똑같습니다."

"어떻게 생겼습니까?"

"정면을 볼 수 없어 얼굴은 보지 못했으나 온몸에 황금 비늘이 울렁거리고 있었는데 몸에 무늬가 있잖아요. 참으로 희한한 일입니다." 하고 서둘러 조사를 시작하였다.

"이것이 생시인가 꿈인가?"

뽈로스막 교수는 그동안 2년 반 사이 연구를 하면서 일어났던 일들을 생각해 보았다. 너무 꿈만 같은 세상을 살아온 것 같아 잊을 수가 없었다.

밥을 먹어도 얼음공주, 글을 써도 얼음공주, 자나 깨나 얼음공주, 앉으나 서나 얼음공주의 삼매 속에서 갖가지 논문을 쓰고 박물관을 마련하여 전시를 하고 또 국가에 보고하여 마침내 유네스코에까지 등재하고 나니 오늘은 진짜 살아있는 얼음공주를 만나보고 싶은 생각이 들었다. 그래서 자신도 이발을 하고 목욕하고 새 옷을 갈아입은 뒤 연구소로 나갔다.

그런데 박물관에 이르니 허공 가운데서 얼음공주가 손짓을 하며 반가이 맞아 주었다. 너무나도 가슴이 설레고 가슴이 두근거려 말이 나오지 않았다.

"안녕하십니까? 얼음공주님!"

얼음공주는 말없이 두 눈을 깜박깜박 하였는데 두 볼이 붉어졌다.

사무실로 가면 사무실로 따라왔다가 연구실로 들어가면 연구실로 따라왔다.

"여기 앉으세요. 여기가 저의 방입니다."

자리에 앉더니 다정한 친구처럼 말했다.

"뽈로스막 교수님! 말 없는 말로 말하고 귀 없는 소리로 들으세요. 참으로 반갑습니다."

하고 인사하였다.

"당신은 여러 차례 몸을 바꿔 잊어버리고 있지만 나는 2천 5백년 전 나와 함께하던 모든 일을 생생하게 기억하고 있습니다."

"차 한 잔 드십시오." 하는 순간 자신도 모르는 사이에 뽈로스막 교수의 입에서 '차가버섯'이란 소리가 나왔다.

그래서 자신도 모르는 사이에 일어나 차가버섯 차를 끓였다. 그런데 차를 달여 잔에 따르자 얼음공주가 말없는 말을 하였다.

"오랜만에 차가비섯 냄새를 맡으니 옛 일이 새롭게 살아납니다."

하며 찻잔에서 피어오르는 수증기를 들이쉬며 말했다.

"참으로 맛이 좋습니다. 지상의 맛은 이것이 최고이거든요."

"언제 마셔본 일이 있습니까?"

"잊어버리셨군요. 옛날 나와 함께 곤충채집을 하고 식물연구를 하면서 깊은 산속에 와서 함께 끓여 먹지 아니했습니까?"

진짜 꿈속의 이야기를 하는 것 같아 전혀 이해가 되지 않았다.

"몸뚱이는 바뀔 때마다 어머니 뱃속에 들어가 36도의 열에 데워지므로 옛일이 잘 기억되지 않을 것입니다. 그러나 본마음은 물듦이 없으므로 세속적인 관념을 벗어나면 바로 알게 됩니다.

일찍이 어떤 사람들이 나의 꾸르간을 파헤치려 했으나 일기가 고르지 못하든지 아니면 예기치 못한 일이 생겨 실천하지 못했을 것입니다."

"예, 그렇습니다."

"저도 그렇게 알고 있습니다. 날을 잡아놓고 한 달 동안 눈비가 내려 길이 미끄러워 가지 못하고 말았다는 말도 들었고 그리고 계획을 잡았던 사람이 갑자기 교통사고를 당하여 차일피일 미루다가 결국은 저희들에게 주어져 이번에 발굴하게 된 것입니다."

"불쌍한 사람들. 이 세상 모든 일은 아무렇게나 이루어지는 것이 아닙니다. 사람들은 이 세상이 모든 것이 하늘이나 땅, 별님들의 명령에 의해 이루어진다고 생각하지만 인연이

닿지 않으면 아니 됩니다."

"인연이라니요?"

"인연은 만남입니다. 오랜 세월 함께 산 다음 사람들을 만나야 그동안 얽히고설킨 일들이 제대로 풀릴 수 있게 되는 것입니다.

나는 2500년 동안 우코크에 누워있었지만 마음은 온 우주 법계를 생각대로 돌아다녔습니다. 그러나 처음 100년 동안은 꾸르간 주위에 있는 동식물 곤충들과 친구가 되어 그들과 함께 살았습니다.

나는 그들의 아름다운 만남을 보고 인생의 삶을 많이 회고하곤 하였습니다.

인생이 잘났다고 뻐기고 있지만 파리, 모기 나비 한 마리만도 못한 삶을 살다간 사람들도 있으니까요.

내 꾸르간 옆에는 모기, 각다귀가 거의 없습니다.

대부분의 꾸르간 옆에는 그들이 좋아하는 공기와 물이 흐르기 때문에 모기, 각다귀 때문에 근접을 못한 사람도 있습니다.

어떻게 보면 그들은 꾸르간을 보호하기 위한 영가들의 분신들이 화현하여 나타났기 때문입니다.

그러나 나의 꾸르간 옆에는 항상 맑은 물이 흘러내려 여러 가지 동식물들이 마음껏 뛰어놀고 또 그들이 먹다 남은 음식이나 배설물 때문에 갖가지 곤충들이 번식하고 또 아름다운 식물들이 자라나 큰 정원을 형성하고 있기 때문에 그런 물건들이 없습니다.

그래서 나는 한 농부가 농토에 빠져 다른 생각을 하지 않는 것 같이 매일매일 그들 풀과 나무, 곤충들을 관찰하고 그들의 친구가 되어 함께 놀았습니다.

100년 후에는 거의 1000년 동안 지구촌 일대를 다 돌아보았고 또 천년 후에는 우주법계를 여행한 뒤 다시 300년 동안은 우리 인간들의 삶을 자세히 관찰해왔습니다.

지금 세계는 마치 살기 좋은 시대인 것 같으나 종교병, 사상병, 종족병 때문에 생사람을 구속하고 죽이고 빼앗으며 도리어 편리한 과학문명 때문에 대형사고로 죽어가는 사람도 많습니다.

물건이 잘못 되어서가 아니고 그 물건을 사용하는 사람들이 바로 잘 사용하지 못했기 때문에 그런 고생을 하고 있는 것입니다.

나는 전생에도 그 같은 일을 하다가 결혼도 하지 못하고 독신으로 살다가 이 세상을 떠났지만 아직도 이 세상을 벗어나지 않고 있는 것은 그들을 그냥 놓아둘 수만은 없기 때문입니다.

나는 그동안 10개의 태양계를 유람하면서도 지구촌의 역사를 잊을 수가 없었습니다.

그런데 뜻밖에 교수님을 만나 반가우며 이 깊은 인연으로 장차 우리의 세계를 보다 살기 좋은 세계, 아름다운 국토, 평화로운 세계로 만들어야겠다고 생각하고 있습니다.”

“알겠습니다. 저도 공주님과의 만남을 보통 인연으로 생각하지 않습니다. 이왕에 만났으니 보람된 삶을 살아갈 수 있도록 도와주십시오.”

“언제고 필요해 당신이 부른다면 나는 당신 곁에 있으면서 당신이 하는 일을 도울 것입니다.”

"감사합니다."

말이 끝나자 공주는 어느새 구름이 되어 수증기처럼 하늘 위로 날아갔다.

얼음공주의 간절한 소망

"옛날 옛적 마고성(麻古城)이 무너지기 전
어머니의 나라 무 제국(MU 帝國)이 있었습니다.
9000년 전 대홍수가 있어 바다가 육지 되고
육지가 바다가 되어 동서의 교통이 막혔습니다.

제후국 위구르(Uighur)가 고비사막(카라코토) 근처에 있어
점성학, 직조법, 건축, 수학, 농경, 저술, 독서 의학 등에
능통하였습니다.

무 제국의 신관들은 천문지리에 밝았는데
그 가운데 환언국(換彦國), 무의(巫毉) 복희, 신농과
그 후손, 영계(靈契)가 그 정신을 계승해 왔습니다.

그러나 그 역사는 이미 바다 속 깊이 파묻혀졌으며
그를 추모하기 위해서 멕시코 원주민들은
피라미드를 만들었습니다.
연꽃은 무 제국의 상징이요 생명력이며 소생의 상징입니다.

그의 자손들이 히말라야 고원 천산에 자리 잡고
새로운 시대를 열게 되었으니
건국이념은 홍익인간 정신이고
나라 이름은 마고성 환언국이었으며
그 수도는 파밀고원에 있던 이전원(伊田園)이었습니다.

그런데 그 곳이 갑자기 사막화 되어
사방으로 흩어지게 되었으니
히말라야 서남쪽에 살던 분들은 서남쪽으로 흘러가
5천축국과 인도네시아, 싱가포르, 태국, 라오스, 캄보디아,
미얀마, 네팔, 부탄, 이란, 이라크, 파키스탄, 아프가니스탄의
중앙아시아와 서남아시아 종족이 되었고

흥안령을 넘어 동북쪽으로 흘러간 사람들은
지금의 러시아, 위구르, 티베트, 몽골, 중국
한국, 일본 등을 형성하게 되었습니다.

태호 복희씨의 어머니 화서(華瑞 : 母系中心 苗族들의 始祖)씨가
채도문화(彩陶文化)를 여니
복희씨는 팔괘천문(八卦天文)으로 사건을 기록(結繩)하고
약초의학을 발명 고통 중생을 구제하였고

치우 임금님은 금동으로 병기를 만들어
오랑캐들을 방어하였습니다.

한편 태호 복희씨는 친동생 여와(女媧)와 결혼,
인류문명을 열었으니
농사짓고 베 짜고 집 짓고 음식을 익혀 먹어
정착된 생활을 이끌어 냈습니다.

이렇게 수인씨(燧人氏), 염제 신농씨(神農氏)와
태호 복희씨(太昊伏羲氏)가 세상의 문명을 열고 있을 때
북쪽 알타이족들은 바로 이 지역에서
하늘 일을 주관하고 있었습니다.

그런데 그동안 지상의 모든 종족들이
자기 씨족을 중심으로 자리다툼을 하고
살육전을 펴는 것을 보고
우리는 대 자연 속 화백(和白)의 정신을 기려 가며
꽃같이 살고 있었습니다.

그런데 그동안 중국에서는 은나라가 일어서고
지중해에서는 철기 문화가 시작되면서
함무라비 왕조를 무너뜨린 히타이트인
인더스 강 유역의 점령자 아리아인
이집트를 지배한 힉소스인

서 키메르인을 쫓아낸 스키타이족

바람처럼 나타났다 안개처럼 사라지는
집도 성(城)도 없는 사람들에게
페르시아, 마케도니아도 망했습니다.

작은 키에 머리는 크고 콧구멍이 넓고 콧수염이 덥수룩한 흉노,
한 고조 유방도 두 무릎을 꿇고 조공을 바친 험윤,
또 다른 이름으로 다뉴브 강을 건너 헝가리를 세운 훈족,
해 뜨는 데서 해 지는 데까지 안방처럼 드나들던 몽골인
이들 때문에 이 지구상에서는
정착된 생활을 할 수 없었습니다.

실로 이 지구는 어느 누구의 것이 아닙니다.
해와 달, 별들은 지금까지 아무런 조건 없이
이 세상에 빛을 주고
풀, 나무를 주어 모든 생명들에게 영양을 보충하고
흐르는 물 또한 마찬가지였습니다.

그런데 사람들은 이것을 깨닫지 못하고
세상에 태어나면부터 아무것도 가지고 오지 않은 사람들이
수 없는 공기를 마시고 살면서도 감사한 마음이 없습니다.

하느님이 있다면 큰 벌을 줄 일이지만
이 세상 모든 것은 자연의 법칙을 중심으로
돌아가고 있기 때문에
스스로 짓는 대로 그 과보를 받고 있습니다.
하늘, 땅, 물, 산과 들을 평계하여

경계를 긋고 장사를 하는 것을 생각하면 기가 막힙니다.

땅 속의 온갖 광물을 다 파서 쓰고
지상의 온갖 생물을 다 잡아먹고
그것도 모자라 원자 무기를 만들어
서로 죽이고 죽는 모습을 보면
나는 얼음 속에서도 잠이 오지 않습니다.
언제나 태고의 이전원이 다시 돌아올는지…
나는 그 시간을 기다리며 잠을 자지 못하고 있습니다."

천지개벽의 노래

그때 다시 불 속에서 살아났던 이집트 사람들과
박제상의 군웅들이 우렁찬 목소리로 노래 불렀다.

"밝은 태양이 세상을 비칠 때
음양, 주야, 명암, 5행이 나누어졌다네.

지진과 화산 폭발로 백억만 년 동안
암흑 혼돈 사회가 되었던 곳에

천하 대장군 지하 여장군이 세워지니
위로는 무(MU)제국의 얼을 계승하고
아래로는 만백성의 군주 됨을 선언하노라.

여덟 개의 빗살, 진흙 속에서 나타난 연꽃이여,
바다 속에 갈무려져 있는 신전과 비문이 이를 증명하고 있다.

무제국의 자손 나반이 고산준령에 피난하였다가 나타나니
그 이름이 구려(九黎, 句麗, 高麗)
이집트, 미얀마, 인도, 일본, 중국, 남태평양, 중앙아메리카,
남아메리카, 인디언 부족에게 그 뿌리가 남아 있다.
그리스 문자 카라 마야어, 나가 마야어에도
피 냄새가 풍기고 있다.

생각해 보라(惻).
뿔 달린 사슴 타고 정원을 날아다니던(愽) 세상,
다리가 아프도록(痛) 고민하며(憫) 달리던 세상,
지금은 게을러져(懈) 사투리만 노래하고 있으니

산스크리트 잉글리쉬 딕셔너리 콕낱
(Sanskrit English Dictionary Cognate)
인디아 유럽 랭귀지
(Indo European languages)
유럽에서부터 그 역사가 점점 밝혀지고 있으니…

플라톤의 "사라진 대륙의 역사"
플루타크의 영웅전, 솔로몬의 생애,
사이스와 헬리오, 폴리스의 신관,
피셔노피스의 대홍수를 보라.
9천 년 전 대홍수로 동서양이 나누어진 이야기를!

그래도 그 지진 속에서 살아난 나반(那般)
반고(盤固) 환인(桓困) 등 무(MU)제국의 후예들이
천축국 판크라스 마고성에 이르러
신문명을 발달시켰으니 그것이 리그베다의 역사이다.

샤카족과 스키타이족

그 때 어디선가 또 하늘 높은 곳에서 스키를 몰고 온 사람들의 소리가 들렸다.

"그림 같은 붉은 산문을 지나
짙은 초록색 경관이 선경을 이루고 있는
체이벨꼴 호수를 보셨나요!

수은 광산 때문에 고기가 살 수 없는
죽음의 강도 있습니다.

여러 개의 호수를
거쳐 인구 2500명

알타이 텔렝기트인들이 사는
울라간에 이르러 그들만이 가지고 있는
춤과 노래를 듣고 함께 어울려 보세요.
당신도 다른 사람이 아닐 것입니다.

BC 7세기부터 3세기 사이에
흑해 북쪽 초원 지대에서 살던
유목민들이 있었으니 이들이 곧
그리스인들이 말하는 스키타이 종족이고
페르시아인들이 말하는 샤카족입니다.

BC 8세기부터 7세기 사이에
동에서 서로 진출하여
볼가 강변의 키메리아인들을 내쫓고
남러시아 초원에서 스키타이 국가를 건설하고

BC 4세기경에는 돈강에서 온 사르마티아인들에게 쫓겨
서방으로 옮겨 갔다가 3세기경 그들에게 멸망한 사람들

주로 큰 뿔 사슴들에게 스키를 메어 타고 다녔기 때문에
스키타이 종족이라 불렸는데
조용한 아침 햇살 속에 나타난 '이끼'를 찾아다녔기 때문에
쥬신족(朝鮮族)이라 부르기도 하였답니다.

그들의 유적은 지금의 크림반도와
드네프르강, 돈강 하류, 흑해 북서, 다뉴브강

남동 카프카스산을 넘어
소아시아에까지 이르러 가 있습니다.

알타이 산맥을 중심으로
빠지락 뚜멕따 카자흐스탄 몽골 등지에서 살았는데
나중에는 만주 한반도 섬나라 일본으로까지 내려갔습니다.

아키나 케스형 칼, 새날식 청동화살촉, 도끼, 던지는 창,
화살통, 동물무늬, 장식미술, 청동제 갑옷과 투구,
비늘로 된 갑옷과 속옷 단검, 활, 화살촉을 사용하여
뛰어난 기동력으로 강대한 페르시아를 괴롭혔던 사람들입니다.

드네프르강 하류 니콜폴조방이
그들 왕족의 정치 경제 중심지였는데
흑해 북 연안지역 그리스 식민지에서
가축과 곡물, 모피, 노예 등을
도기, 직물, 금속제품, 기름 등과 교환하여

광범위한 통상으로 부를 축적한 사람들이
구르간 속에 금, 은, 동으로 만든 단지, 청동 솥,
바닥이 납작한 질그릇 암포라 장식품들을 수장하여 놓고
그들의 명예를 자랑하고 있습니다.

특히 맹수, 괴수, 투쟁상, 동물무늬 등을 동방에 전파하여
5천년 역사를 한 눈에 보게 하고 있지요."

그 때 얼음공주가 말했다.

"뽈로스막 교수님,
당신은 나와 함께 그때 천문학을 전공하였는데
지금은 고고학을 전공하며 인류의 역사를 밝히고 전하니
내가 그 인연으로 단잠을 깬 것입니다.

빠지락 뚜르간은 1929년 이후
지금까지 계속 발굴되고 있습니다.
1·2·3·4·5호에서 유럽형으로부터
조선, 일본, 이란, 뉴기니, 호주, 인도형 사람들도
나오고 있습니다.

이들은 양어깨와 팔 다리 등에
여러 가지 문신을 하며 샤먼, 귀인, 사나이들이
마귀를 쫓는 부적으로 삼았습니다.

보십시오. 그들의 잠자리에는 2천 년 전
이란 이라크 상표가 붙은 물건도 있지 않습니까.
바빌로니아, 앗시리아, 메디아, 페르시아에서 생산된
카펫이 다양한 무늬로 수놓아져 있지 않습니까.

그들이 살던 곳에는
제주도의 돌하루방과 같은 장승들도 많이 있습니다.
그리고 가는 곳마다 큰 돌 위에 그들이 살던 흔적을
그들이 먹고 살던 동식물 등을 갖가지 그림으로

표현해 놓았습니다.
그래서 나는 세계는 한 꽃이요
만인은 동체(同體)라고 하는 것입니다.
그런데 요즘 사람들이 사상과 종족 종교 이념을 가지고
서로 싸우고 죽이고 죽는 것을 보니 참으로 불쌍합니다."

이렇게 서로 주고받으며 옛 역사와 지금의 역사를 상상해 냈다. 그때 뽈로스막 교수가 물었다.

"그러면 이들이 다 어디에서 살던 사람입니까?"

"천산에서 살다가 그곳이 사막화되므로
사방으로 흩어진 것입니다.
원래 우리 인류는 빛 속에서(光天)에서 살다가
우주풍에 의해서 한 덩어리가 뚝 떨어져 태양 주위를 돌다가
몇 차례 지진과 폭발에 의해
지금과 같은 지구덩어리가 되었습니다.

사자 속에서 나온 벌레가 사자를 뜯어 먹듯이
지구촌에서 나온 사람들이 지구를 갉아먹고 있지요.
마치 곳곳에서 단세포처럼 발아된 작은 벌레가
어머니 뱃속에서 태어나 점점 자라듯이
몇 백만 년, 몇 억만 년을 두고
끝없는 진화작용을 하다 보니
급기야 두 손을 쓰는 사람이 된 것이지요."

"그래서 밀교에서는 '천수천안 관자재보살 광대원만무애대비심 백천대다라니'란 경전을 만들어 낸 것 아닙니까?"

"그렇습니다."

"그렇다면 천수천안(千手天眼)이란 무슨 말씀입니까?"

"인간의 특징은 손에 달려있으니 손을 잘 쓰면 잘 살 수 있다는 말입니다.

남자는 남자의 손
여자는 여자의 손
아버지는 아버지의 손
어머니는 어머니의 손
아들, 딸은 아들, 딸의 손
형제들은 형제들의 손
농토에 가면 농부의 손
공장에 가면 장인(匠人)의 손
학교에 가면 스승과 제자의 손
부엌에 가면 주방장 손
장사꾼이 되면 상인의 손

이렇게 해서 천개 만개의 손을 쓸 줄 아는 사람은
어느 곳에 가도 다 잘 살 수 있다는 말이지요."

"그러면 그런 손을 가지려면 어떻게 해야 합니까?"

"그 장소가 어떤 장소인지를 잘 아는 눈을 가져야 합니다.
그래서 '천수(千手)' 다음에 '천안(千眼)'이 나오는 것입니다.

이렇게 천 개의 손과 천 개의 눈을 가지고
보는데 걸림 없는 사람이라면 그 행이 자유자재하므로
관자재(觀自在)가 되는 것입니다.
그런데 미련한 사람들은 그 이름만 부르고 있습니다.
그러한 인격을 완성한 사람이라면
세상을 농락하고 해를 끼치는 사람이 아니라
마음으로 좋은 일을 하는 사람이라 하여
대자대비한 '보살'이란 이름이 붙게 된 것입니다."

"그러면 천수천안 관자재보살이 되려면 어떻게 해야 됩니까?"
"마음을 광대원만(廣大圓滿)하게 쓸 줄 알아야 합니다.
'광'은 마음을 넓게 쓰는 것이고
'대'는 크게 쓰는 것이며
'원'은 둥글게 쓰는 것이고
'만'은 만족하게 쓰는 것입니다.
그러니까 '광대원만' 한 가지만 잘해도 안 되는 것입니다.
넓으면서도 크고
넓으면서도 둥글고 가득하게 쓸 줄 안다면
무엇에고 막힐 것이 없지요.
만약 거기 '대(大), 원(圓), 만(滿)'도 그러하여
크면서도 넓고 둥글고 가득하게
둥글면서도 넓고 크고 가득하게
가득하면서도 넓고 크고 둥글게 쓰면
그 어느 곳에 가서도 걸릴 것이 없을 것이니
그것이 '광대원만무애대비심'입니다.

그러나 너무 넓은 것은 좁은 데서 못쓰고
큰 것은 작은 데서 못쓰고
둥근 것은 각(角)이 진 곳에서 못쓰고
가득 찬 것은 이지러진(虧) 데서 잘 쓸 수 없으므로
먼저 말한 광, 대, 원, 만과 같이
협(狹), 소(小), 각(角), 휴(虧)한 곳에서도
골고루 쓸 수 있게 하여야 됩니다.

말하자면 세상 사람들은 세상의 흥, 망, 성, 쇠를
운명이나 천명, 숙명에 맡겨서 점을 치는데
지혜로운 사람은
① 넓으면서도 ② 크고 ③ 둥글고 ④ 가득 차게 마음을 썼는지
⑤ 크면서도 ⑥ 넓고 ⑦ 둥글고 ⑧ 가득 차게 마음을 썼는지
⑨ 둥글면서도 ⑩ 넓고 ⑪ 크고 ⑫ 가득 차게 마음을 썼는지
⑬ 가득 차면서도 ⑭ 넓고 ⑮ 크고 ⑯ 둥글게 썼는지
먼저 점검합니다.

그리고 다시
넓으면서도 ⑰ 좁고 ⑱ 작고 ⑲ 각지고 ⑳ 이지러진 장소에서도
크면서도 ㉑ 좁고 ㉒ 작고 ㉓ 각지고 ㉔ 이지러진 곳에서
둥글면서도 ㉕ 좁고 ㉖ 작고 ㉗ 각지고 ㉘ 이지러진 곳에서
가득 차면서도 ㉙ 좁고 ㉚ 작고 ㉛ 각지고 ㉜ 이지러진 곳에서도
마음을 잘 썼는지 점검합니다.

이것이 나의 점괘입니다.
이 세상 모든 것은 마음 쓰기에 달려 있기 때문입니다.

아무리 이 같은 몸을 잘 나타내어 쓴 사람이라도
무자비하게 세상을 해(害)치면 되지 않기 때문에
무애대비심(無碍大悲心)이란 말이 나오게 된 것입니다.
그러나 이것은 한 번만 연습한다고 되는 것이 아니라
큰 창고에 무진한 보배를 쌓아놓고
필요한 사람들에게 무진하게 퍼주며
끊임없이 노력해야 하므로
'백천대다라니(百千大多羅尼)'라 하는 것입니다.
백 번이고 천 번이고 끊임없이 나오도록
해야 한다는 말이지요.

그러므로 이러한 일들을 잘못하고도 입으로 업을 지어
옆에 사람들을 괴롭게 함으로써
세상을 고통스럽게 만드는 경우가 있으므로
입으로 지은 업을 깨끗이 하는 '정구업진언(淨口業眞言)'과
오방내외에 있는 모든 신들을 편안하게 위안하는
'오방내외안위제신진언(五方內外安爲諸神眞言)'을
하는 것입니다."

"그렇다면 이 세상에는 얼마나 많은 신(神)들이 있습니까?"
"귀신과 천신처럼 이미 자기의 떼를 이루어 사는 무리들도 있으나 깨달은 사람이 보면 모두가 제 정신을 가지고 살고 있으므로 이 세상 모든 것이 신 아닌 것이 없습니다.

그래서 모든 것을 신으로 보아 섬기는 바라문교(힌두교)가 있는가 하면 불교처럼 이 세상 모든 존재가 자기 정신을 가

지고 있으므로 신 아닌 것이 없다고 보는 신관도 있습니다."

"그러면 그들이 사는 세계가 다 각기 다릅니까?"

"그렇습니다. 개는 개의 세계가 있고 소는 소의 세계가 있 듯이 이 세상 모든 존재는 끼리끼리 모여 살게 되어 있습니 다. 그러나 긴 것은 긴 대로 쓰고 짧은 것은 짧은 대로 써 서 한 가지도 버리지 않게 사는 것이 세상을 복되게 하는 것입니다.

그래서 중국의 원료범(袁了凡)은 공과격(功過格)을 만들어 매일같이 자기가 한 일을 점검하고 고쳐나갔던 것입니다."

원료범의 공과격(功過格)

"원료범은 중국 절강성 사람입니다. 고조부는 기산(杞山)인으로 명성조 때 반역하여 도강으로 유배됨으로써 3대가 관가에 등용될 수 없었습니다. 증조부 명상이 대전의 사위가 되어 연나라 혜제(慧第) 때 자손들이 의사, 학자로 득세하게 됩니다.

원료범은 수재로 등용되어 35세에 국자감 공생이 되고 54세에 지현(紙縣)의 현감이 되었으며, 60세에는 병부의 직방사가 됩니다. 그런데 이여술의 탄핵으로 그만 두고 운곡선사의 가르침을 아들 엄(儼)에게 가르칩니다.

'내 인생은 내가 책임져야 하고 자기 마음은 자기가 세탁

하며 남을 탓하지 않아야 한다. 공든 탑은 무너지지 않기 때문이다. 곡식은 익을수록 고개를 숙이고 높은 사람은 낮은 데서부터 시작한다.'

하고 옛사람이 정리한 공과격을 보여 주었습니다.

'착한사람 칭찬하고
악한 일 덮어주고
싸움을 그치게 하고
악한 일을 말리고
배고픈 이 구제하고
하룻밤 재워주고
추운사람 옷 주고
아픈사람 약 지어주고
사람을 구제하고
경전을 독송하고
참회절을 백번하고
불보살 명호 천념하고
만인에게 착한 말 하고
만인에게 이익 주고
버려진 글을 줍고
걸인들께 공양하고
걸인 박대하지 말고
가축을 살피고
근심걱정 풀어주고
재계를 지키고
살생음식 먹지 않고

축생들을 풀어주고
방생으로 구제하고
곤충벌레 잡지 않고
영혼을 천도하고
의식주를 베풀고
남의 빚 갚아주고
잃은 물건 돌려주고
불의(不義) 물건 탐하지 않고
빚진 사람 용서하고
땅과 재산 양보하고
돈과 재물 보시하고
맡긴 물건 가로채지 않고
창고 지어 곡식을 잘 저장하고
길, 다리를 새로 놓거나 복구하고
막힌 강물 뚫어 주고 우물 파서 급수공덕
도량 지어 봉불하고 등불 밝혀 길 밝히고
길손에게 물, 차(水茶)를 대접하고
죽은사람을 위하여 관목을 보시하면
1점, 2점짜리 공덕이다.

3점짜리 공덕은
횡액 속에서도 화내지 않고
비방 속에서도 변명하지 않고
거스름 속에서도 화내지 않고
책망 속에서도 용서하고
수렵인에게 권선하고

죽은 가축 묻어주는 것이다.
5점, 10점 공덕은
법정소송을 그치도록 하고
심성과 생명을 보전 증진하도록 하며
경전, 법문을 편찬하고
의약으로 가벼운 질병을 고쳐주고
남의 악을 퍼뜨리지 않게 하고
어질고 착한 사람을 공양하고
희생물을 바치지 않고
천재지변이 없게 기도하고
죽어가는 가축의 생명을 구해 주고
덕 있는 사람 천거 인도하고
해악을 제거하고
진리의 말씀을 퍼뜨리고
중병을 치료해 주고
말을 덕 있게 하고
권세를 부리지 않고
첩과 노비를 해방시키고
힘없는 짐승을 구해주는 것이다.

30점, 50점의 공덕은
장지없는 사람에게 땅을 제공하고
비행(非行)한 사람을 교화하고
계를 지키도록 권유하고
별거, 이혼하게 된 가정을 화해시키고
버려진 아이들을 구원하고

큰 덕을 이루도록 도와준다
낙태를 면하게 하고
욕정을 지키게 하며
의지할 데 없는 사람을 거두어 양육하고
주인없는 해골을 장사지내 주고
유랑인을 도와주고
유배자, 군인, 징역자를 구해 주고
원한을 씻어주고
좋은 말로 백성들을 이롭게 하는 것이다.

100점짜리 공덕은
죽음에서 구해 주고
정절을 지켜주고
익사자를 구해 주고
후손이 끊어지지 않게 해 주는 것이다.

1점, 2점짜리 죄악은
선행을 방해하고
싸움을 선동하고
남을 음해하고
나쁜 일을 하도록 조장하고
도적질을 막지 않고
근심걱정하는 것을 위로하지 않고
가축을 학대하고
말없이 남의 물건 훔쳐 가고
글씨 써진 종이를 함부로 버리고

곡식을 하찮게 생각하고
약속을 어기고
술 취하여 사람을 덮치고
기한(飢寒)을 돕지 않고
송경을 제대로 못하고
걸식자를 박대하고
공부 중에 음식을 함부로 먹고
법 답지 못한 옷을 입고
가축의 고기를 함부로 먹고
습생, 화생의 생명을 함부로 죽이거나 새집의 알을 깨고
공익을 등지고 개인의 이득만 취하고
빚을 갚지 않고
남의 물건 주워 돌려주지 않고
공적인 일을 빙자 혈세를 남용하고
3보 재물과 도량의 기물을 파손하고
도량형을 속이고
도살용 칼이나 어망을 팔고
은혜를 등지는 것이다.

3점, 5점짜리 죄악은
귀에 거슬리는 말을 하고
차례를 어기고
책망하고
남의 잘못을 퍼뜨리고
이간질하고
무식한 사람 속이고

남의 공덕 방해하고
남의 근심걱정 보고 통쾌하게 생각하고
남의 명예 이익을 보고 기뻐하지 않고
부귀를 보고 빈천해지기를 바라고
일이 뜻대로 안되면 남을 원망하고 탓하고
자기 분수 밖을 탐하고
정법을 비방하고
억울한 사람을 보고도 풀어주지 않고
병자를 구하지 않고
도로와 교량을 막고 끊고
미풍양속을 해치는 문필을 쓰고
험담으로 상대의 좋은 사이를 깨뜨리고
가축들을 함부로 죽이고
통째 굽거나 삶는 등 생물에게 극도의 고통을 주는 것이다.

10점짜리 죄악은
덕인을 배척하고
나쁜사람 수용하고
남의 무덤 파헤치고
고아나 과부를 능욕하고
절개 없는 사람을 부양하고
살생 기구를 갖추고
악담설욕으로 부모, 스승, 선비를 욕하고
사람을 해치는 독약을 만들고
죄수에게 불법 고문하고
정법경전을 훼손하고

송경하며 나쁜 일을 생각하고
사이비 외도나 나쁜 법을 전수하고
덕을 훼손하는 말을 하고
가축을 함부로 죽이고 간수하지 않는 것이다.

30점, 50점짜리 죄악은
근거없이 비방하며 남의 명예를 손상시키고
남이 뉘우친 과거의 일을 적발하여 떠벌리고
소송을 부추기고
청정한 계율과 수행을 방해하고
스승과 어른을 배반하고
부모, 형제에게 거역, 반항하고
골육친척을 이간질 하고
흉년에 물건을 사재기 하고
낙태하고
남의 결혼을 깨뜨리고
남의 시체(뼈)를 함부로 하고
남의 아내나 딸을 가로채고
사람을 못살게 굴어 떠돌게 하고
유배, 도행을 짓게 하고
불충불효케 하며
백성들을 해치는 말을 하는 것이다.

100점짜리 죄악은
사람을 죽게 만들고
부녀의 정절을 잃게 하고

남의 자녀를 물에 빠뜨려 죽이도록 하고
남의 후사를 끊게 하는 것이다.

　그러니까 한 가지라도 선행을 반대하면 죄과가 되고
10악을 반대로 하면 10선이 되고
선을 행하지 아니하면 곧 죄악이 된다.'

　그러므로 맹자도 '어질지 못하고 착하지 못하면 곧 그것이
불선이요, 불인이요, 죄과다.' 라고 하였으니 진실로 조심하
여야 할 것이며, 역풍을 맞지 않게 하고 그런 것을 당했을
지라도 용기를 가지고 이겨낼 힘을 길러야 합니다.
　차나 기차, 비행기, 우주선이 공기 마찰로 열과 압력을 이
겨내지 못하면 중간에 망가지고 마는 것과 같습니다.
　마음도 역풍, 외압, 비방, 마장을 이겨내야 선행을 할 수
있는 것이니 태허공이 비·눈·안개·구름에 걸림이 없는 것
같습니다.
　설사 옛것이라 해도 선행하면 공이 되고 덕 되는 것이 많
으니 하찮게 생각하고 업신 여기지 말아야 합니다."

생존경쟁과 약육강식

그 때 이미 공과표를 통하여
하늘나라에 태어나 있는 사람들이 노래 불렀다.

"모든 생명은 먹어야 삽니다.
힘이 없이는 살 수가 없기 때문입니다.

동물은 식물을 먹고
식물은 태양과 달, 별빛을 먹고 삽니다.
그런데 사람은 그 동물과 식물을 다 같이 먹고 삽니다.

독수리, 매가 날아가는 곳을 보니
토끼와 들쥐, 작은 새들이 있습니다.

그런데 그 작은 것들은 보다 더 작은 곤충들을 먹고 살더니
결국 죽고 나니 수많은 곤충들이 그 속에서 태어나
그들 고기를 뜯어 먹고 있었습니다.

자연과 생명은 이렇게 돌고 돌며
서로 먹히고 먹고 있습니다.
그러므로 자연의 균형이 깨지면 먹이 사슬들이 없어져
동물이고 식물이고 모두가 살 수 없게 됩니다.

숲을 잘라서 밭을 만들고 산을 깎아 길을 내고
멧돼지들을 잡아 집에서 기르고
공장을 돌려 가공식품을 만들고
댐에서 전기를 일으켜 불을 밝혔는데 물이 오염되어
사람들이 마시고 옛날에 없던 병을 앓고 있습니다.

그러므로 사람은 자연을 보호하고
숲을 기르고 물을 살려 썩어가는 지구를 구해야 합니다.
사람이 살기 위해서는 동식물이 있어야 하고
깨끗한 물이 필요하기 때문입니다."

"그래서 옛날 중국의 양무제는 예수재 의식을 만들어 자
연을 보호하였던 것입니다. 4년 만에 한 번씩 윤달이 들면
좀들이 쌀을 모아 좋은 일을 하였던 것입니다.

갑자생은 빚이 5만 3천관
을축생은 2만 8천관

병인생은 8만관

정묘생은 2만 3천관

무진생은 5만 2천관

기사생은 7만 2천관

경오생은 6만 2천관

신미생은 1만 3천관

임신생은 4만 2천관

계유생은 5만관

갑술생은 2만 5천관

을해생은 4만 8천관

이렇게 60갑자의 빚을 계산하여 각기 해당되는 10대왕과 조관(曹官)에게 바치는데 실제 돈을 그렇게 내는 게 아니라 하얀 종이에 빨간 돈을 수표처럼 찍어 불태워 주고 있습니다.

원래 이것은 부모님께 진 빚은 부모님께 갚고 형제에게 진 빚은 형제에게 갚고 스승에게 진 빚은 스승에게 갚아 부모, 처자, 권속들이 서로 진 빚을 갚고 마음속에 맺힌 한을 풀어버리자 하는 뜻에서 시작된 것이지만 실제 사람들은 주인 있는 물건에 대한 빚만 생각하였지 주인 없는 빚에 대해서는 감히 생각하지 못했습니다.

그런데 양무제는 무고한 여인을 뱀허물과 같은 피부를 가졌다 하여 굶겨 죽이고 하늘과 땅, 허공 가운데 존재하는 귀신들에게 제사를 지낸다고 많은 짐승을 희생하였습니다.

그런데 어느 날 하늘님께서 외쳤습니다.

'나는 피비린내 나는 음식을 먹지 않는다. 하늘 사람들이

뭐 먹을 게 없어서 짐승들의 털 달린 고기를 먹겠느냐?'

'그러면 무엇을 잡수시고 계십니까?'

'단 이슬(甘露)을 마시고 산다.'

양무제는 거기서 크게 깨달았습니다.

'사람은 사람 생각만 하고 짐승은 짐승 생각만 하는구나. 하늘은 지금까지 끝없는 빛을 주고 공기를 주고 물을 주고도 세금 내라는 소리를 하지 않는데 사람들이 자릿세를 받고 팔아먹고 있는 것이로구나.'

그때 양무제는 수륙재와 예수재를 생각하였습니다.

'물과 육지에서 제 생명을 온전히 보전하지 못하고 죽어간 원한들이 얼마나 많은가. 이들을 위하여 수륙재(水陸齋)를 지내 주어야겠구나. 그리고 쏟아지는 빛, 흐르는 물, 공중의 공기를 제 마음대로 마시고 쓰고 호흡하면서도 한 번도 그 은혜를 생각하지 못하고 살고 있는 것을 감사해야겠구나. 서양 사람들은 그것을 하느님의 소관이라 하여 십일조를 받아 자기 종족들의 삶이나 이웃을 정복하거나 전쟁비용으로 쓰고 있는데 나는 그것을 받아 자연보호 운동, 기아 돕기, 불우 이웃돕기를 위해 써야겠구나.'

하고 만든 것이 예수재요, 수륙재입니다.

그런데 요즈음 사람들은 그것을 받아 빈 호주머니를 챙기고 끼리끼리 각기 하고 싶은 일을 할 뿐, 하늘이나 땅이나 산이나 물이나 이웃을 생각하는 마음이 전혀 없으므로 양무제는 오히려 퇴폐의 자본을 만들어 놓고 죽었다고 한탄하고 있는 사람도 있습니다.”

그리고는 물었다.

"뽈로스막 교수님, 당신도 그런 생각을 해 본 일이 있습니까. 햇님과 달님, 산과 물에 세금을 내는 일 말입니다."

"한 번도 없지요, 당연히 내 것처럼 먹고 쓰고 마음대로 하였을 뿐입니다. 이것은 누구의 것이 아닙니다. 우리 모두의 것이며 우리 모두가 아끼고 보호하여야 할 자원입니다.

그런데 사람들은 그런 생각을 하지 못하고 있는 것 같습니다. 당연히 먹고 써야 할 것으로 알고 아끼고 보호하기보다는 함부로 쓰고 버리는 것이 십상입니다."

"우리는 이것을 경계해야 합니다. 우리의 보금자리가 없어지면 우리와 연관된 모든 것이 멸종하고 말기 때문입니다."

뽈로스막 교수는 깜짝 놀랐다. 지금까지 그런 생각을 한 번도 해 본 일이 없었기 때문이다. 누구고 차지하면 그 자가 주인이고 누구고 쓰면 쓰는 사람이 임자인 것으로만 생각해 왔다. 그런데 오늘 얼음공주의 말을 듣고 보니 그동안 너무 많은 빚을 지고 살아 왔다는 것을 깨닫게 되었다.

"얼음공주님, 감사합니다. 앞으로는 물 한 방울이라도 흙한 줌이라도 함부로 쓰지 않겠습니다. 우리도 논문을 쓸 때자원을 이용하여 편이한 점만 생각하고 돈 버는 것만 생각하였지 그들에 감사하고 고마운 마음을 가져보지 못하였는데 뜻밖에 오늘 큰 진리를 깨달았습니다. 양무제 임금님께부끄럽지 않게 살도록 노력하겠습니다."

공든 탑은 무너지지 않는다

"옛날옛적 어떤 사람이 자식 하나를 낳아 귀하게 길렀습니다. 그러나 아이는 항상 먹고 놀면서도 울기만 하여 이름난 선생님을 모셔 점을 쳤습니다.

그런데 일곱 사람 가운데 다섯 사람이 친 점이 꼭 같았습니다.

'3살에 몸에 장애가 생기고 5세에 어머니를 잃고 8세에 아버지를 잃고 16세부터 거지가 되어 천하를 주유하다가 28세에 결혼하나 자식은 없고 52세에 세상을 떠난다.'

아버지는 여러 가지로 생각하다가

'주어진 운명을 어떻게 고칠 수 있겠느냐. 체념하고 살아야지.'

하고 살았는데 아니나 다를까 세 살에 높은 평상에 앉아 놀다가 뒤로 넘어져 머리가 깨지더니 전간(간질병)을 앓게 되었습니다.

그래서 좋은 의사와 약을 구해 간신히 치료는 하였으나 다섯 살에 그의 어머니가 친정에 갔다 오다가 교통사고로 죽고 말았습니다.

"사주팔자가 속일 수 없는 것이로구나. 장차 이 일을 어찌 할꼬. 내 죽기 전에 재산이라도 정리해 놓아야지."

하고 형님 아들 장조카를 불러 모든 재산을 맡겼습니다.

"여보게, 우리 아들을 믿다가는 집안 망하게 생겼으니 자네가 이 재산을 맡아 보호하고 있다가 저 놈이 사람이 된 뒤에 재산을 물려주었으면 좋겠는데 어떻게 생각하는가."

"좋습니다. 그 놈이 장가들어 살 만하게 되면 내 그에게 재산을 넘겨주겠습니다."

"고맙네."

하여 아이 7살에 전 재산을 장조카에게 넘겨주고 아들에게 말했습니다.

"내가 죽거든 삼촌 집에 가서 살아라."

과연 그는 아이 나이 여덟 살에 병 없이 죽으니 관상 보고 점 친 사람들의 말이 꼭 맞았습니다.

"타고난 운명은 성현도 어쩔 수 없다더니 그 말이 꼭 맞구만."

동네 사람들이 이렇게 말하였습니다.

삼촌 집에 간 자식은 아버지, 어머니 밑에서 호강하고 살 때만 같지 못하므로 늘 짜증을 내다가 16세가 되어 집을 나가 거렁뱅이가 되었습니다.

삼촌도

"사주팔자는 속일 수 없다더니 어쩔 수 없는 일이로구나."

하고 그만 놓아주었습니다.

동가식서가숙(東家食西家宿), 온 세상을 주유하다가 나이 스물여섯 살에 어느 절에 들어가 밥을 얻어먹게 되었는데 커다란 둥근 상에 떡, 과일은 말할 것도 없지만 귀한 쌀밥을 한 그릇 퍼 주었습니다.

"세상은 별난 세상도 다 있구나. 지금까지 얻어먹고 다녀도 상에다 밥을 주는 사람은 보지 못하였는데 이렇게 걸게 칙사 대접을 하다니…"

하고 천천히 음식을 먹고 나서 차 한 잔을 마시고 있는데 주지스님이 와서 말했습니다.

"잘 왔네, 내 보니 자네 얼굴이 거지가 아닌데 어찌하여 밥을 얻어먹고 돌아다니는가?"

"제 팔자는 거지 팔자입니다."

"팔자가 아무리 거지 팔자라 해도 마음만 고쳐먹으면 부자가 될 수 있지."

"마음을 어떻게 고쳐먹습니까?"

"죽일 것도 살리고, 빼앗은 것도 주고, 정직한 마음으로 거짓 없이 말하며 좋은 일 하면 되지."

"뭣이 있어야 좋은 일을 하지요."

"힘 없는 사람 힘이 되어 주고 길 잃은 사람 길을 가르쳐 주면 되지."

"알겠습니다. 오늘부터 좋은 마음으로 살겠습니다. 스님, 감사합니다."

하고 고백하였다.

"사실 저도 거지노릇 그만 하고 싶습니다."

"그렇다면 누구고 시키는 일이면 나쁜 짓만 하지 말고 착하게 살게."

"감사합니다, 스님. 반드시 스님 말씀처럼 살아가겠습니다."

그는 그 자리에 엎드려 큰 절을 한 뒤 천천히 길을 내려 왔습니다.

다른 때 같으면 아침 먹으면 점심을, 점심 먹으면 저녁을 걱정하면서 괜히 뛰었는데 오늘은 느긋한 마음으로 천천히 걸어 내려 왔습니다.

얼마쯤 내려 오다보니 할머니 한 분이 지팡이를 짚고 위태위태 걸어갔습니다.

"할머니, 어디 가시는 길이세요. 내가 붙들어 드리겠습니다."

"고맙소, 젊은이가 마음씨가 곱구만."

하고 사양하지 않고 의지하였습니다.

거지가 물었습니다.

"할머니, 어디 갔다 오시는 길입니까?"

"절에 갔다 오는 길이오."

"아니, 젊은 아들, 딸들이 있을 텐데 90노인이 넘어지면 어찌 하려고 홀로 이렇게 먼 길을 다니십니까?"

"아하, 내 생일밥 먹은 사람 아니여!"

하고 쳐다보았습니다.

"그렇습니다."

"이 사람아, 나이 들수록 복을 짓고 공을 쌓아야 하는 거야. 내 나이 90이 넘었는데 누가 내 복을 지어 줄 것인가. 이제 죽을 날이 얼마 남지 아니했으니 내 공은 내가 드려야지.

자기 불공 자기가 드리지 아니하면 그 복의 3분의 2가 드려준 사람에게 간다 하지 아니하던가.

내 이제 죽을 때 되었으니 한 가지 복이라도 짓고자 생일 불공 드리러 왔다 가는 길일세."

고마우신 분이었습니다.

그런데 개울가에 이르니 강물이 불어 할머니는 혼자 건널 수 없었습니다.

"할머니, 강물이 불어 홀로 건너실 수 없으니 내가 업어 건너다 드리겠습니다."

"고맙소."

두 사람은 큰 개울을 건너와 쉬었습니다.

할머니가 먹을 것을 내놓으며 물었습니다.

"어디로 갈 건가?"

"거지가 어디 정처가 있습니까. 가는 곳이 내 집이지요."

혀를 끌끌 차시더니

"저기 저 고래등 같은 집이 우리 집이네. 머슴이 넷이나 되는데 그래도 가세."

하여 따라가게 되었는데 스님 말씀이 꼭 맞는 것 같았습니다.

'좋은 일 하면 좋은 일이 생긴다더니 할머니 모시고 왔더

니 금방 바로 취직이 되는구나.'

생각하고 정성껏 모시고 오니 아들들이 물었습니다.

"이 사람은 누구십니까?"

"내 절에서 만난 사람인데 마음씨가 착해 일을 시키면 잘 들을 것 같아 데리고 왔으니 할 일 없으면 동네 머슴이라도 시켜 밥 먹여주게."

"머슴이 넷이나 되는데 무슨 할 일이 있겠냐만 어머님 말씀이니 동네 머슴으로 열심히 일해 보게."

하고 거처를 정해 주었습니다.

청년은 두말 하지 않고 주인이 시키는 대로 따라서 일했습니다. 봄에는 봄갈이 하고, 여름이면 논과 밭을 매고, 가을이면 밭 설거지를 하고, 겨울이면 눈을 쓸었습니다.

2년째 되던 해 척설(尺雪)이 내려서 마을길이 막히자 밤낮 없이 길을 뚫어 눈길을 내고 한 집이 산 중턱에 있어 거기까지 고무래를 밀고 가 길을 뚫어주니 집주인 아주머니가 나와서 칭찬을 하였습니다.

"내 여기 시집 와서 40년을 살아도 우리 마당까지 와서 치워주는 사람은 처음 보겠네."

하며 방안으로 데리고 와 따뜻한 차를 끓여 주었습니다.

"어느 곳에 사십니까?"

"왕씨 할머니 집에 의지하고 있습니다."

"아! 동네 머슴으로 정한 사람이 바로 이 사람이구만."

하고

"아이고 우리 집 데릴사위로 데려 왔으면 좋겠구만."

하니 찻잔을 들고 왔던 과년한 딸이 내려 보면서 흠칫 하였습니다.

"내 일찍이 남편을 잃고 딸 하나만 데리고 사는데 사는 것이 사는 게 아니오."

그러나 청년은 차 한 잔 마시고 내려가면서 말했습니다.

"나의 주인은 왕씨 할머니이시니 그 분과 의논해 보십시오."

피차 싫지 않은 눈치였습니다.

청년은 이렇게 하여 할머니에게 승낙을 받고 동네 사람들과 의논하여 이씨 집안의 데릴사위가 되었습니다.

그런데 동네 머슴으로 있을 때는 이 집에 가면 이 집의 음식이 나오고 저 집에 가면 저 집의 음식이 나오는데 이 집안에서는 날마다 한 가지 음식만 나와 재미가 없었습니다.

'내가 데릴사위라고 업신여겨 이렇게 푸대접 하는 것인가.'

의심하기도 하고

'돌아다니던 거지가 이 정도라도 자리를 잡았으면 다행으로 생각해야지 무슨 딴 생각을 하면 되겠는가.'

하고 자책하기도 하였습니다. 그런데 하루는 생각이 났습니다.

'내 사주에 28세에 결혼해도 자식이 없다고 했는데 오죽하면 자식도 태어나지 않겠는가. 내 마음을 단단히 먹고 좋은 일을 해야지.'

하고 그 날부터 공과격(功過格)을 쓰기 시작하였습니다.

좋은 일을 하면 ○표를 하고 나쁜 마음을 먹었으면 ×표를 하고 중간 마음을 먹었으면 △표를 하였습니다.

한 달 동안을 점검해 보니 ×표가 19개나 되었다.

'이래 가지고 자식을 낳은들 올바른 자식을 낳겠는가?'

스스로 의심하며 마음을 더욱 굳게 먹었습니다.

'올백이 될 때까지 해야지.'

열심히 노력하니 32살에 두꺼비 같은 아들을 낳게 되었습니다.

'아! 사람은 마음먹기에 달려 있구나. 마음이 달라지면 운명도 달라진다더니 그 말이 꼭 맞구나.'

그때부터는 집안 사람들을 더욱 귀하게 생각하였습니다.

아버지께서 그렇게 가르치려 하여도 공부하지 않았던 것이 크게 후회되었으나

'지금도 늦지 않다.'

생각하고 매일같이 글자 한 자씩을 녹여 내었습니다.

"하늘 천(天), 땅 지(地), 검을 현(玄), 누르 황(黃). 하늘은 푸르고 땅은 누르다.…"

이렇게 10년 동안을 공부하고 나니 3,600자를 공부하게 되어 무엇이고 걸릴 것이 없었습니다.

하루는 장에 갔다 돌아오다 보니 벽보가 붙어 있었다.

'보통고시(普通考試)'

이 시험에 합격하면 면장 자격이 되고 고등고시에 응시할 수 있는 자격이 주어진다 하였습니다.

그래서 그는 그 날부터 잠을 줄이고 아침저녁으로 열심히

공부하면서 낮에 하는 일도 더욱 부지런히 하였습니다.

그리하여 이듬해 3월 행시(行試)에 나가 합격하였습니다.

동네잔치가 벌어졌습니다.

"원료범이 알장급제 하였다네."

이씨 집안의 영광이요, 돌아가신 아버지도 춤을 추는 것 같았습니다.

면장님이 나와서 물었습니다.

"어떻게 공부하였길래 그 많은 사람들 가운데서 알장급제를 하였는가?"

"첫째는 올바른 정신이고, 둘째는 일과에 충실하였습니다."

"원료범 만세, 원료범 만세!"

사람들은 만세를 부르며 꽹과리, 징을 치며 집집마다 돌았다.

"우리 동네 천재 나왔어."

"우리 동네 복덩이 나왔어."

하고 축하 물품이 산더미처럼 쌓였습니다.

원료범은 더욱 신이 나 이듬해에는 고등고시에 합격하여 한 고을의 군수가 되었습니다.

이에 소문을 듣고 삼촌이 찾아 왔습니다.

"너희 아버지께서 맡겨 놓은 재산을 너에게 돌려주겠다."

"삼촌, 이 재산 없이도 고등고시에까지 합격하였는데 더 이상 재산은 가져서 무엇 합니까. 그동안 재산 지켜주시느라 고생하셨으니 3분의 1은 삼촌이 가지시고 3분의 2는 나라에 바쳐 세상의 가난을 구하도록 합시다."

그리하여 나라에 바치니 임금님께서 감동하여 한 성의 성장에 제수하시고 그의 공덕표를 가져오게 하여 100만부를 인쇄, 전국 향교와 서당에 돌리게 하니 이것이 세상의 운명을 바꾸게 하는 길잡이가 되었습니다.

요순(堯舜) 성현 따로 있나
내 인생은 내 책임
양심 세탁 깨끗이 하면
공든 탑이 무너지랴!
익을수록 고개 숙이듯
낮은 데로 임하면은
천하는 우순풍조(雨順風調)
태평성대를 이루리라.

그 뒤 원료범의 나이 52세에 이웃나라에서 전쟁이 일어나 나라 임금님이 그를 불렀습니다.

"이웃 나라에 전쟁이 생겨 구원병을 보내야 되겠으니 성장이 좀 다녀와야겠네."

"개미 한 미리도 죽이시 않고 살았는데 창칼을 쓸 줄 알아야지요."

"전쟁이란 힘만 가지고 하는 것이 아니야, 덕장이 따라가면 전쟁을 하지 않고도 이기는 수가 있고 전쟁을 하더라도 백성들의 희생이 최소화된다고 하였거든…"

"예, 그럼 그렇게 하겠습니다."

하고 그때 밥 얻어먹었던 절에 가서 3일 동안 기도하면서 빌었습니다.

"부처님, 저는 이제 죽음의 길에 나가게 되었습니다. 가능하다면 전쟁을 하지 않고도 이길 수 있게 해 주시고 군인들의 희생이 최소화되게 해주십시오."

하고 국경으로 나아가니 곧 파발마가 오더니

"전쟁은 끝났습니다. 왜적들이 다 물러갔으니 그냥 돌아가시오."

하여 그 길로 돌아와 좌의정 벼슬을 하게 되었습니다.

지은 공덕은 없어지지 않습니다.

착하게 선근을 닦으면 반드시 그 공덕이 헛되지 않습니다.

이것이 임진왜란 때 구원병으로 왔던 원료범의 공과표(功過標)입니다."

곤충들의 삶

1. 집 앞의 꽃과 여러가지 벌레들

두 번째 만남에서 얼음공주는 곤충들의 삶에 대해서 자세히 들려주었다.

"나는 2백 년 동안 나의 주위에 있는 여러 가지 곤충들과 벌레, 새들 그리고 쥐, 여우, 토끼, 너구리, 멧돼지, 사슴, 양, 뱀, 개구리 등을 관찰하고 여러 개의 강을 통해 그 속에 살고 있는 물고기들과 조개류 그 주위에서 씩씩히 자라는 나무들을 낱낱이 관찰하며 살았습니다.

이 세상 모든 존재들은 하나도 독립자존(獨立自存) 하는 것이 없습니다. 서로가 먹이가 되어 주기도 하고 먹어 주기도 하며 한편 보호하고 손해를 끼치며 사는 것들을 보았습니다."

"그것이 생존경쟁 아닐까요?"

"그렇습니다. 하나의 집이 여러 가지 재료에 의하여 만들어지듯 우주의 생명체도 마찬가지입니다. 기둥, 서까래가 각기 달라도 결국 하나의 집을 위해서 존재하듯 모습과 작용은 달라도 목적은 같습니다.

제 마음을 따라 한 번 일으키면 어느 기간 유지 상속되다가 결국은 부서져 없어지지만 그것은 또 다른 원소로 변하여 새로운 물건, 새로운 생명, 새로운 세계를 형성해 가고 있습니다."

"우리 집 앞에는 여러 가지 꽃들이 피는데 그들 꽃 주위에는 나비, 벌레들이 날아다니고 기어 다닙니다.

그런데 그 놈들을 잡아먹는 거미가 있는데, 거미 하면 사람들은 흔히 거미줄을 생각하나 거미줄을 치지 않는 거미도 있습니다. 파리나 모기, 바퀴벌레를 잡아먹는 거미는 슬금슬금 먹이 뒤를 따라 다니다가 기회가 되면 탁 쳐서 먹습니다. 대개 다리가 긴 롱거미가 그런 것들입니다.

거미줄을 치는 호랑거미나 왕거미(말거미)는 마치 사람이 고기를 잡을 때 그물을 치듯이 나뭇가지나 음침한 벽, 벌레들이 많이 기고 날아다니는 장소에 거미줄을 쳐 놓았다가 먹이가 걸리기만 하면 잽싸게 물어서 마취시키고 다시 거미줄을 빼서 감아 놓습니다. 그리고 복판에서부터 파서 먹습니다.

호랑거미는 수직으로 거미줄을 치고 갈거미는 수평으로

칩니다.

보통 거미에게는 눈이 여덟 개나 달려있는데 두 개만 헤드라이트처럼 크고 밝습니다.

암놈은 집안에서 알을 낳고 새끼가 알에서 나와 첫 번째 허물을 벗으면 어미도 그 새끼에게 먹히고 맙니다. 자식을 위해서 스스로 먹이가 되는 것이죠.

그러나 거미는 또 개구리, 도마뱀, 벌들에게 많이 먹힙니다.

벌들은 거미에게 독침을 찔러 마비시키고 자기 집으로 끌고 가서 거미 몸에 알을 낳습니다. 그러면 거기서 태어난 새끼 벌들이 그 속에서 태어나 거미 몸을 먹고 자랍니다.

개미도 참으로 재주가 묘합니다.

6월 초에 가까운 빈 터에 나가보면 날개 달린 검은 개미가 날아다니는 것을 볼 수 있습니다.

이것은 날개가 달린 여왕개미와 수개미가 산란기가 되어 나타난 것입니다. 일단 교미가 되어 날개가 떨어지면 여왕개미는 땅에다 구멍을 파고 그 속에 알을 낳습니다.

수개미는 여왕개미보다 숫자가 훨씬 많지만 교미가 끝난 뒤에는 대부분 죽습니다.

여왕개미는 60일 동안 자신이 깐 알을 자신의 지방질로 키워 다시 여왕 벌레들을 만듭니다.

그러나 그들은 일개미들의 영양공급으로 계속해서 알을 낳으며 생명을 유지합니다.

수개미는 더듬이가 길고 큰 곁눈이 있는데 영양이 좋으면 영양개미가 되고 영양이 나쁘면 일개미가 됩니다.

그러니까 여왕개미의 수명은 약 10년이 되는데 수개미는 6개월 정도밖에 살지 못합니다. 그래도 그들은 여왕개미의 먹을 것을 구해 오거나 알, 유충들을 돌보는 일을 맡습니다.
　주위를 지키고 있는 병정개미는 약 1년쯤 살지만 더듬이로 진디를 건드리면 진디는 나무나 풀에서 빨아 모아둔 단물을 털구멍으로 내줍니다.
　개미는 진디에게 이같은 것을 빠는 대신 진디의 천적인 무당벌레를 쫓아줍니다.

　그런데 개미들은 각기 먹이를 물고 가다가도 친구가 사람 발에 밟혀 죽게 되면 그 먹이를 놓아두고 초상을 먼저 치릅니다. 온 동네 개미들이 한데 모여 그 시체를 끌고 가서 왕개미에게 알리고 거룩하게 초상을 치르기 때문에 사람들은 여기서 붕우유신(朋友有信)을 배우게 된 것입니다.

　달팽이는 축축한 데를 좋아합니다.
　날씨가 갠 날, 낮에는 그늘에 들어가고 주위가 어두워지면 나와서 기어 다닙니다. 낙엽이나 덜 떨어진 나뭇가지 밑 둥 눅눅한 데를 보면 달팽이가 제집(껍데기)을 벗어 놓고 나와서 돌아다니는데 껍데기 안이 마르지 않도록 안팎을 막아 놓고 다닙니다.
　달팽이가 잎에서 잎으로 건널 때나 줄기를 기어오를 때는 나선형 껍데기가 좌우로 돌아가는데 항문 옆에 숨구멍이 있고 눈 촉각 옆에 알을 낳거나 생식기를 내미는 작은 구멍이 있습니다.
　먹이를 먹을 때는 입술 턱과 줄 같이 생긴 이빨로 잎을 갉아 먹습니다.

번식은 암수 두 마리가 따로 있는 것이 아니고 한 몸에 두 가지를 다 갖추고 있어 5~7월경에 서로 정자만 교환하여 두 마리가 다 같이 흙을 얇게 판 다음 거기에 알을 낳습니다.

달팽이들을 따라 시궁창에 가 보면 곤죽이 된 흙속에 숨어사는 곤충들이 많이 있습니다. 귀뚜라미, 곰개미, 노래기, 팔태충, 송장벌레, 깡정이, 좀생이, 지렁이 등 많은 벌레가 살고 있습니다.

폭탄먼지벌레 같은 것은 건드리면 역한 냄새를 풍깁니다. 먼지를 먹고 살기 때문에 먼지벌레라 하는데 폭탄 소리가 날 정도로 소리와 함께 연기를 내뿜습니다.

만일 시궁창에 죽은 쥐가 있으면 거기에는 여지없이 송장벌레가 죽은 시체에서 살 조각을 뜯어먹고 나머지는 땅 속에 파묻어 놓기도 합니다. 쥐 외에도 지렁이, 달팽이 같은 것도 잡아먹기도 하는데 이상한 냄새가 납니다.

불빛이 비치면 모여드는 벌레들도 있는데 다우리아사슴벌레, 노린재, 태극나방, 뱀잠자리, 장수풍뎅이, 누에나방, 버마제비, 송장메뚜기, 파랑쐐기나방, 청솔귀뚜라미나방 같은 것이 그들입니다.

나방은 나비과로 몸이 통통하고 촉각이 새 깃처럼 생겨 머리빗 톱날처럼 생겼습니다. 세계에는 나방의 종류가 18만 개나 되어 그 수를 다 헤아릴 수 없습니다.

나비는 두 날개를 쫙 펴고 앉는데 나방은 비스듬히 한쪽으로 쏠리게 앉습니다.

낮에 돌아다니는 범나방, 잠자리를 닮은 박쥐나방, 참나무나 밤나무에 사는 누에나방, 낮에 꿀을 빨아먹는 풀녹색박각시나방, 수액을 빠는 주름빵각시나방, 대개 이들은 날개가 작고 반투명체들입니다.

나방 가운데서도 고치를 만들고 번데기가 되는 것도 있는데 이들은 대부분 참나무에 사는 산누에나방이나 밤나무나방이기 때문에 옛날에는 여기서 실을 뽑아 베를 짰습니다.

염제 신농씨가 아내 위조를 시켜 짠 것이 동방의 실크가 된 것이죠. 세월로 보면 벌써 5천년이 지났습니다."

"그것을 어떻게 아십니까?"

"나도 그것을 배워 이렇게 짜 입지 않습니까?"

하고 얇은 비단옷을 가리켰다.

"대부분 나비와 나방은 햇빛을 받아 열을 올림으로써 날 수 있으므로 추울 때는 나타나지 않습니다."

2. 벌과 매미, 잠자리

오늘은 박사님께서 만나자마자 어려서부터 즐겨 관찰한 곤충들에 대한 이야기를 들려주었다.

"쇠똥구리의 풍뎅이가 굴리는 둥근 모양이 지구 덩어리와 같다고 하여 이집트 사람들은 신성하게 여겨 '스카라베'라는 보석을 깎아 목에 걸고 다니며 장신구로 사용한다는 말도 들었으나 사람 똥 속에서 생긴 구더기가 똥통을 오르내리다가 뚝 떨어지는 모습을 보면 징그럽게 생각하여 밥맛이 떨어집니다."

"어허, 술에 취해 똥오줌을 가리지 못하는 사람이 언덕바지를 간신히 기어오르다가 굴러 떨어지는 것을 보지 못했습니까? 어쩌면 그런 사람의 화신인지도 모릅니다.

사슴 똥이나 쇠똥, 말똥은 둥글게 공처럼 만들어 굴리고 가는 쇠똥구리들을 보면 나는 지구의 분뇨를 청소하는 청소부라고 생각합니다. 땅 속 깊이 굴리고 온 똥들을 저장해 놓고 그 속에 알을 낳아 놓으면 그 속에서 똥을 먹고 자란 유충들이 번데기가 되었다가 부활한 게 쇠똥구리입니다. 그래서 그 속에서는 번쩍번쩍 푸른 빛이 나는 것입니다.

참으로 신기한 일이지요."

"그렇습니다. 우리들은 그런 생각까지는 해 본 일이 없습니다."

"그런데 간혹 숲속을 걸어 다니다 보면 이상하게 생긴 나뭇잎이 눈에 띄기 마련입니다. 잎이 쭈글쭈글 뒤틀리거나 혹 같이 말려 있어 무슨 병이 들었나 하고 들여다보면 그것은 병이 아니고 혹벌, 진딧물 등 곤충의 진드기가 나무에 붙어 실내 집을 지어 놓은 집들이었습니다.

그들은 유충들이 부드러운 나무 싹이나 잎에 알을 낳아 먹곤 하였으므로 자극을 받아 오므라든 것입니다. 진드기는 때죽나무에, 혹벌들은 밤나무 잎에 성충을 낳기 때문에 밤나무 혹벌이라 하기도 합니다.

그런데 이들은 수컷이 없어 암컷 혼자서 알을 품고 부화하는 것을 보면 어떤 것은 그 혹독한 추위도 나뭇잎 사이에서 견뎌내고 있습니다. 얼마나 독한지 몇 해를 지내면 오히려 밤나무가 죽어버리는 경우도 있지요.

쇠무릎 벚나무 조릿대에도 알을 실습니다. 갈고리벌레, 털진드기, 조랑톡토기, 어리톡토기, 검고 붉은 송장벌레 등도 마찬가지입니다.

대개 이들은 그들이 의지하고 있는 나무색이나 잎을 닮습니다. 대벌레, 벼잎벌레, 말벌, 꽃등에, 나무껍질처럼 생긴 나방, 몸큰가지나방 등이 천적들에게 몸을 피하기 위해 은신처를 만들며 그들 나무색을 닮아갑니다.

텐트나방, 왕오색나비, 기름매미, 장수풍뎅이, 풀무치, 녹색부전나비 등도 성충으로 나무에 붙어 겨울을 나고 호랑나비, 각시나방, 진노랑나비, 어리여치, 딱정벌레, 말매미, 쓰리기나방, 먹나비도 마찬가지입니다.

이들 소리를 들으면
왕귀뚜라미는 '고로고로고로리~이리~이' 하고
세뿔귀뚜라미는 '찌찌찌찌' 하며
방울벌레는 '리~잉 리링'하고
그냥 귀뚜라미는 '리리리리'
솔귀뚜라미는 '찐찌로링'
청솔귀뚜라미는 '리~이리이' 합니다.

또 여치는 '기~스총' 하고
색쌔기는 '지~'
철써기는 '철썩철썩'
긴날개여치는 '쓰리쓰리~이'
베짱이는 '베짱베짱'
몸매뿔이는 '지~이' 하고 높은 소리로 웁니다."

"어쩌면 그렇게 소리를 닮게 하세요."
두 사람은 껄껄껄 웃었다.

"물속에서 사는 것들도 각기 다릅니다.
물도래, 물땅땅이, 무늬하루살이, 소금쟁이, 송장헤엄치게, 말선두리유충, 물방개, 게아재비, 땅잠자리 유충, 안잠자리 유충, 강도래 유충들은 모두 물속에서 삽니다.
그러기 때문에 일잠자리, 왕잠자리, 잠수잠자리 등은 연못 주위에서 놀고, 투구벌레인 장수풍뎅이, 큰 턱을 가진 하늘가재 등은 수액이 있는 나뭇가지를 찾아 알을 낳고 삽니다.

잡나무 숲에서는 풍이투구벌레, 흰줄홈범나무, 큰허리노린재, 여덟점박이하늘소, 사향제비나비, 산제비나비, 우산박가시유충, 나나니벌, 흑백알락나무, 뾰족부전나비 등은 멧두릅 상수리나무, 엉겅퀴, 거지덩쿨, 자귀나무 등에 붙어살고 흑백알락나비, 왕바구미, 꽃무지, 청풍이, 얼룩장다리피리, 산네발나비, 알락그늘나비, 투구벌레, 사이볼드바다벌레, 쇠뿔하늘가재, 넉점박이송장벌레 등도 모두 나뭇잎을 의지하여 삽니다.

참소리쟁이 잎에는 보라색 잎벌레알, 진디 노랑무늬넓적꽃 등에는 일곱점박이무당벌레, 보라색잎벌레유충, 작은주홍 부전나비 등의 유충들이 살고 칡잎에는 박기시유충, 솔곰보바구미, 땅풍뎅이, 무당노린재, 흰점박이 바구미, 박각씨유충들이 사는데 때로는 나뭇잎에 혹을 만들어놓기도 합니다.

벌들은 해충도 있지만, 우리에게 꿀을 제공하는 이충(利蟲)도 있습니다.

봄에 온통 노랑털로 뒤덮인 두깅벌은 당나무나 쥐똥나무 꽃을 보고 잘 찾아오는데 사람을 쏘지 않습니다. 쏘는 벌은 말벌, 바더리말벌, 나나리벌, 민호리벌 등입니다.

유채꽃에는 꿀벌들이 많이 날아오는데 실제 꽃은 그리 많이 없으나 벌들이 꽃술을 따 집속에 저장할 때 잎 안의 꿀을 벌려놓고 가면 수분이 증발하므로 단맛이 더해집니다.

큰 나무구멍을 이용해서 벌집을 만들어 꿀을 저장 하는 것도 있고 수벌, 일벌들이 자는 6각형 방은 그들의 식량 저장소이고 거처입니다.

그런데 사람들은 그들이 애써 저장해 놓은 꿀과 유충들을 채집하여 먹으면서 벌꿀들에게 미안한 마음을 갖지 않으니 부끄럽기 짝이 없습니다.

일벌은 주로 벌집을 청소하고 유충을 기르고 꿀과 꽃가루를 모아 저장하는데 주로 암벌들이 하고 수벌들은 여왕벌과 교미하는데 약 한 달 정도밖에 살지 못합니다. 여왕벌은 알을 낳는 일을 하는데 공중에서 교미한 뒤 집으로 돌아와서 매일 계속해서 알을 낳습니다. 그렇기 때문에 2~4년 정도밖에 살지 못합니다.

　꿀벌, 말벌, 쇠바더리벌들은 모두 집단생활을 하고 나머지는 거의 혼자 살다가 죽습니다.

　집은 나무껍질을 암벌들이 씹어 침으로 버무려 그 안에 알을 낳습니다. 유충들은 어미벌레가 갖다 주는 나비나 나방의 애벌레 같은 것을 먹고 자랍니다.

　암벌은 주로 가을에 태어나며 태어난 벌들의 3분의 2는 모두가 암벌입니다. 그 가운데에서도 가장 튼튼하고 위엄 있는 암벌이 여왕벌이 됩니다.

　혼자 사는 어리장미가위벌은 대나무통속에 나뭇잎을 잘라 놓고 유충이 자랄 방을 만든 뒤 먹이가 될 꽃가루를 저장하고 알을 낳습니다.

　나나니벌이나 줄무늬 검정벌도 나방유충들을 마취시켜 진흙으로 만든 밀실에 넣고 알들을 키웁니다. 나나니벌 가운데는 땅에 구멍을 파고 유충을 낳는 경우도 있습니다.

　이것이 약이 된다고 사람들은 땅 속 깊이까지 파고 들어가 그들 집을 허물어 술까지 담가 먹습니다.

　실로 벌들은 왕벌을 위해서 삽니다.

　자손을 번식하고 가정을 지키는 여왕벌, 이들을 위해 희생, 봉사하기 때문에 사람들은 여기서 군신유의(君臣有義)를 배운 것입니다.

　매미는 우는 시간이 각각 다릅니다. 참매미, 뽕매미, 쇠깐깐매미, 기름매미, 씽씽매미, 쓰르라미, 애매미 등 20여종이 있습니다.

대개가 높은 나무에서 삽니다. 매미가 울 땐 성충시기인 것을 압니다. 수매미가 울면 암매미가 가까이가 교미하고 얼마 뒤 마른나무가지에 알을 낳습니다.

밑쑥 산란관으로 알을 낳으면 그 끝이 매우 깔쭉깔쭉 해집니다. 송곳처럼 생긴 몸으로 나무구멍을 뚫고 알을 낳은 뒤 암놈은 곧 죽습니다.

그러면 유충은 땅에 내려가 나무뿌리에서 수액을 빨아먹고 몇 차례 허물을 벗은 뒤 다섯 번 만에 성충이 됩니다. 그 기간이 보통 2년에서 7년이 걸립니다. 그러나 어떤 것은 17년이 걸리는 경우도 있습니다.

이 우화기간에 날개가 펴지고 날아가게 되는데 그 기간이 2년에서 17년 이상 걸리니 참으로 신비하기 짝이 없습니다.

날개가 펴지는 순간 겨우 2시간을 살기 때문에 사람들은 이것을 보고 또 영혼의 기간을 살아있는 기간보다 훨씬 길게 잡는 경우도 있습니다.

나는 당신과 함께 이런 벌레들을 찾아 삶을 관찰하고 신비하게 생각하였는데 교수님께서는 잊어버리셨습니까? 그때 교수님께서는 나는 새들에 대해서도 깊은 관심을 가지고 있었습니다."

"그래서 그런지 어려서는 곤충들에 관심을 많이 가지고 관찰하였는데 점점 커서는 새총을 가지고 새들을 잡으러 다녔습니다."

"천천히 움직이며 나는 붉은부리 갈매기, 물고기를 사냥하려고 쏜살같이 수면으로 내리꽂는 제비갈매기 등을 보면 정

말 볼 만 합니다.

　나무나 물에서 사는 것을 보면 깃털들이 마치 프로펠러 돌아가는 것처럼 날카롭게 생겼고 반대로 가슴에는 아주 솜털처럼 부드러운 털이 달렸습니다.

　참새와 갈매기는 분주하게 날개를 치고 날아가고 비둘기와 직박구리는 날다가 동작을 멈춰 미끄러지듯 다시 속도를 내 날며 까마귀는 거의 일직선으로 날아갑니다. 대개 이들은 기류를 타고 날지만 독수리, 매, 갈매기 등은 정찰 비행을 하기 때문에 높이서 넓은 곳을 내려다보고 가까이 내려와 먹이를 채 갑니다.

　먹이를 먹는 모습은 각기 다른데, 두툼하고 단단한 부리를 가진 새들은 곡식이나 딱딱한 나무열매를 갉아먹고, 딱따구리 같은 것은 나무 속에 숨겨져 있는 벌레를 잡아먹기 때문에 부리가 깁니다.

　갯시렁이를 먹는 물총새, 도요새도 마찬가지이고 육식을 즐기는 독수리, 매 같은 것은 대개 그 부리가 구부러져 있고 발톱이 사납습니다.

　물속을 헤엄치는 오리, 기러기 등은 발가락 사이에 물갈퀴가 달려있고, 농병아리 쇠물닭 같은 것은 발을 뒤로하여 자맥질할 때 편리하도록 지느러미가 달려있기도 합니다.

　할미새 종류는 꼬리로 땅을 치듯 흔들고, 휘파람새는 꼬리가 짧고, 도요새는 앞으로 다리를 들어 머리를 긁고, 나무반

반이는 나무를 빙빙 돌며 올라가고, 통고비는 뚜아리를 깡충 깡충 뛰며 걷습니다.

때까치는 개구리나 도마뱀을 나뭇가지에 걸어놓고 먹고 까마귀는 호두를 땅에 떨어뜨려 까서 먹습니다.

박새는 나무구멍에 알을 낳고 딱따구리는 나무줄기를 파고 알을 낳습니다.

물총새는 제방에 구멍을 뚫고 알을 낳고, 뻐꾸기는 남의 둥지에 알을 낳고 개개비 같은 새의 알을 내던져 버립니다.

그런데 이 미련한 개개비는 뻐꾸기 새끼를 자기 새끼인 줄 알고 먹이를 물어다 먹이고, 작은 떼새들은 갯벌의 돌 사이에 알을 낳아 천적을 보호합니다.

까마귀, 호도매, 제비, 비둘기, 참새, 직박구리, 방울새 등은 모두 사람의 집 부근에 집을 짓고 사는데 무성한 풀밭에 집을 짓습니다. 새끼들이 성충을 쉽게 먹고 살게 하기 위해서입니다.

큰부리까마귀는 머리를 앞으로 내밀고 울고 작은부리 까마귀는 머리를 숙이고 절을 하는 것같이 웁니다. 집은 나뭇가지 위에 짓고 저녁이 되면 떼 지어 잘 곳을 찾아갑니다.

제비는 집 처마에 진흙과 마른 풀로 집을 짓고 한 번에 세 개 내지 일곱 개의 알을 낳아 2주 후에 부화 3주 만에 날아갑니다.

먹이는 부부 간에 함께 나르는데 기후가 추워지면 캄차카 반도, 일본, 필리핀, 인도네시아, 자바, 뉴기니, 오스트레일

리아 등으로 날아갑니다.

한 제비가 새끼를 낳아 잘못 떨어뜨려 죽게 된 것을 흥부라는 사람이 실로 처매 살려 줌으로써 박 씨를 물고 와 부자 되게 하고 반대로 억지로 다리를 부러뜨려 처매 준 놀부에겐 막춤 도깨비들을 나타나게 하여 망하게 했다는 이야기는 동북 아시아에 널리 퍼진 이야기입니다.
선인선과(善因善果), 악인악과(惡因惡果)의 본이 제비들의 삶 속에서 나타난 것입니다.”

“아, 당신은 흥부와 놀부 이야기도 기억하고 계시는군요.”

“그렇습니다. 이 세상과 저 세상이 둘이 아니기 때문입니다.”

“뻐꾸기, 들까치, 백로, 찌르레기, 메추라기 등은 그들의 먹이가 많은 논밭 근처에서 많이 살고 상공에서 지저귀는 종다리는 마른 풀 위에 둥지를 틀고 밭이나 논 어귀에 삽니다.

꾀꼬리는 ‘꾀꼴꾀꼴’ 노래하고
호도새는 ‘꾸꾸’ 하며
제비는 ‘삐찌삐찌’ ‘지지지지’
멧새는 ‘즌친삣쯔쯔쮸리이즌’
부엉이는 ‘후～후～후～’
동박새는 ‘삐～쯜’
두견새는 ‘키욧키욧쿄쿄쿄’
고지새는 ‘키코키～고고고’ 하고 노래합니다.

딱따구리, 휘파람새, 오목눈이, 박새, 곤줄박이, 물까치, 고지새 등은 잡목 사이에서 살며 벌레들을 주식으로 살아갑니다.

이와 같이 새들은 각기 다른 장소에서 그들 독특한 방법으로 서식하면서 살아가는데 물총새 같은 것은 다이빙 하는 데는 일등이고 오리들은 잠수를 잘합니다.

갯벌에서 사는 개꿩과 떼새 등은 작은 부리를 가지고도 갯벌에서 잘 살아가는데 도요새 같은 것은 긴 부리로 먹이를 낚아챕니다.

물고기 떼를 알려주는 갈매기는 어부들의 신호가 되기도 하고, 사나운 모습을 한 맹금류인 솔개, 올빼미, 부엉이, 소쩍새 등은 긴 날개를 펴고 멀리까지 높게 날아갑니다.

이들은 음식을 먹다가 양이 남으면 가지고 와서 집 근처에 토해 놓기도 하고 까마귀처럼 땅 속에 파묻어 놓았다가 잃어버리기도 합니다.

어떻든 이들 새들은 때와 장소를 잘 가르쳐 줍니다.

기러기 한 마리가 북쪽을 향해 날아가면 천지에 봄이 온 것을 알고 남쪽을 향해서 날아가면 천지에 겨울이 온 것을 압니다.

사람의 마음을 울리기도 하고 웃기도 하고 노래의 곡조를 만들어내기도 하는 새들, 어쩌면 이들은 공중의 곡예사이고 사랑의 대명사입니다.

짝을 지어 물살을 켜고 가는 오리들, 바다와 육지, 강과 산에서 마음대로 유람하는 새들을 보면 땅 위에 발을 붙이고 사는 사람들이 날지 못하는 것을 부끄럽게 생각하게도 합니다.

사람은 이들을 보고 비행기 제트기를 만들기도 하니 어찌 이들의 재주를 부러워하지 않을 수 있겠습니까.

사람이나 기러기는 하늘을 날고 산을 오를 때 반드시 경험 있는 선배가 앞장서서 길을 인도하기 때문에 한 줄로 늘어서서 차례를 어기지 않습니다.

사슴은 산등성이에 올라 멀리 사방을 바라보고 휴식을 취하면서 도망 갈 방향을 정하다가 포수가 눈에 띄면 다른 것들을 뿔뿔이 헤어지게 하기도 하고 자신은 그만 죽음을 자초합니다.

기러기도 마찬가지입니다. 이삭이 떨어진 논밭에 앉았다가 올가미나 약이 쳐져 있는 것을 보면 스스로 올가미에 걸려 몸부림 치거나 약을 먹고 죽어 제2의 희생자를 피하게 합니다.

사람보다도 나은 짐승들이지요."

3. 애벌레와 나비

"봄, 여름, 가을, 겨울 등 철따라 공원에는 여러 색깔의 꽃이 핍니다.

나비와 벌, 진드기 그리고 거미, 개똥벌레 등이 그 꽃을 보고 날아듭니다.

꽃에서는 꿀을 따고 꽃가루를 먹습니다.

진달래처럼 꽃모양이 기다란 것은 깊숙한 곳에 꿀이 있으므로 그 속에까지 들어가 꿀을 마시며 그 속에 알을 낳는 경우도 있습니다.

대개 장미에는 꿀벌, 풀색꽃무지, 작은주홍부전나비, 벗나무풍뎅이, 선녀벌레 등 유충들이 많이 붙어있고 국화꽃에는 산네발나비, 큰베짱이, 꼬장나비 등이 서식하고 있습니다.

또 야산에 가면 흰나비, 노랑나비 등은 사방이 확 트인 곳에서 놀지만 남방제비나비는 양지 바른 곳과 그늘진 곳에서 왔다갔다 하며 날아다닙니다.

곤충들은 주위의 기온이 달라지면 거기에 맞추어 자기 몸의 온도를 바꾸기 때문입니다.

이런 것을 변온동물(變溫動物)이라 하지요.

열을 쉽게 받아들이는 검정나비는 양지 바른 데를 피하기 때문입니다. 그러니까 흰 나비는 평지의 유채꽃에서 놀고 노랑나비는 콩에서 놀고 호랑나비는 귤, 굴뚝나비는 억새풀에서 놉니다.

3~4월, 5~6월 꽃과 잎에 보면 말도 못하게 많은 유충들이 꿈틀거리며 기어 다닙니다.

집 주위는 부전나비, 범나비가 날고 밭 근처에는 흰나비, 노랑나비, 산에서는 안방나비, 작은 주홍빛 나비 등이 날아다닙니다.

또 진달래에는 검고 큰 여러 가지 제비나비와 호랑나비 등이 찾아오고 흰나비는 가까이 왔다가도 진달래꽃을 본체만체하고 가버립니다.

흰나비는 빨강색을 좋아하지 않는데 그것은 자외선과 적외선의 차이 때문입니다.

나비의 눈에는 파장이 긴 빨강색이 보이지 않는 대신에

흰나비는 우리가 볼 수 없는 자외선을 볼 수 있기 때문입니다. 이 자외선으로 수컷과 암컷을 알아봅니다.

우리 눈으로는 수컷과 암컷을 알아보기 힘들지만 자외선만 지나가는 필터로 쏴서 보면 수컷은 검게 암컷은 희게 나옵니다.

사람은 빛의 파장을 보고 빨강, 주황, 노랑, 초록, 파랑, 남색, 보라색을 구분하지만 나비들은 이렇게 색을 통해 암수를 알아보고 사랑합니다.

그런데 박사님, 저는 나비와 애벌레 사이에서 깜짝 놀랄 만한 일을 발견하였습니다.

한 마리 애벌레가 나뭇잎에서 이슬을 빨고 있다가 땅을 내려다보니 그동안 먹고 싼 똥이 새까맣게 쌓여 있었습니다.
'아 참으로 이상도 하다.
내가 먹고 싸기 위해서 이 세상에 태어났나?
먹고 싸고, 먹고 싸고 일생동안 한 일이 이것뿐인가.
그냥 이렇게만 하다 간다면 세상에 태어난 보람이 없지 않겠는가. 세상이 이런 세상밖에 없다는 말인가?'
하고 나무에서 내려왔습니다.
지상에 내려와 보니 진짜 볼 것도 많고 먹을 것도 많았습니다.
그래서 고추밭, 가지밭, 여러 곳을 돌아다니다가 하루는 자기와 똑같이 털 달린 것을 발견하고는 가까이 가 물었습니다.

"어디 사는 누구냐?"

"그냥 왔다가 따라 간다."

"어디로 따라 간단 말이냐?"

"나도 알 수 없어."

"그러면 왜 가느냐?"

"앞에 것들이 갔으니 나도 그냥 따라 가는 것이다."

그래서 그도 그냥 따라 갔습니다. 얼마쯤 가다보니 따라 오는 것들이 너무도 많아져 큰 대오(隊伍)를 이루게 되었습니다.

어느 도시에 들어가니 큰 빌딩이 있었는데 그것을 타고 계속 올라갔습니다.

무조건 따라가니 그만 숨이 차서 더 이상 올라갈 수가 없었습니다. 그래서 멀리 앞을 쳐다보니 저쪽 건너편에서는 노랑 애벌레가 올라가다가 숨이 차 쉬고 있었습니다.

상대를 보는 순간 눈에서 불이 번쩍 나와 따라가 보았습니다. 가서 보니 참으로 어여쁘고 다정해 물었습니다.

"왜 이렇게 섰느냐?"

"숨이 차서 더 이상 올라갈 수 없어 서 있다."

"그렇다면 나하고 내려가 이야기 좀 하자."

하며 데리고 내려와 자기 과거의 이야기들을 털어놓다 보니 처지가 아주 비슷했습니다.

밤새도록 이야기해도 끝이 나지 않았습니다.

그래서 제의했습니다.

"자, 이왕 이렇게 만났으니 우리 둘이 살림을 한 번 차려보자."

노랑 애벌레는 암컷이고 자기(검정 애벌레)는 수컷이었기 때문입니다.

그래서 살림을 차렸는데 이거 기가 막힌 일이 생겼습니다.

한 번 새끼를 낳으면 보통 백 마리, 천 마리를 낳기 때문에 노랑 애벌레는 자식들을 살피느라 문 밖으로 한 번 나갈 틈이 없고 한편 남편 되는 애벌레는 이들을 먹여 살려야 하니 날마다 밖에 나가 일을 해야 했습니다.

그런데 한두 배만 낳으면 끝날 줄 알았는데 세 배, 네 배를 낳다보니 그만 지쳐 길거리에 오다가 쓰러졌습니다.

생각해보니 기가 막혔습니다.

"괜히 한번 쳐다보고 정이 들어 내 신세 망쳤구나."

한숨을 내쉬며 집에 와서는 화를 내며 온갖 것들을 내동댕이쳤습니다.

노랑 애벌레가 물었습니다.

"왜 이러십니까?"

"뭐야 이거, 갖다 주면 먹어버리고 갖다 주면 먹어버리고 끝이 있어야지… 나도 이젠 더 이상 못 참겠어!"

하고 화를 냈습니다.

한편 노랑 애벌레도 생각해보니 기가 막혔습니다.

"누가 나더러 새끼를 낳으라 했는데? 멀쩡히 서 있는 사람에게 다가와 가지고 내 신세를 망쳐 놓고 무엇이라 하는 거요!"

이렇게 주고 받다보니 이젠 볼 때마다 싸우고, 때리고, 치고, 받고 하게 되었습니다.

노랑 애벌레가 생각해보니 힘 없는 놈이 맞아 죽게 되어 있었습니다.

'더 싸워 보았자 도움 되는 게 없다.'

하고 마음을 돌렸습니다.

"여보, 괜히 우리가 만나 가지고 이것이 무슨 짓이오. 맨날 아웅다웅 싸워보았자 남 부끄러운 일만 생기니 그만 싸우고 각자 헤어져 삽시다. 내 생각해보니 당신이 그때 그 높은 곳을 향하여 끝까지 가보지 못하고 나를 만나 화를 내는 것 같은데 그만 싸우고 그곳에나 다녀오시구려."

하고 부드럽게 말했습니다.

검정 애벌레도 화를 내 보았자 별 볼 것이 없다는 것을 알았기 때문에

"그럼 그렇게 합시다."

하고 헤어지게 되었습니다.

한편 생각해보니 홀로 떨어져 고생할 아내가 불쌍하기 짝이 없었습니다.

"어떻게 하지, 홀로 떨어져 고생할 것 같은데."

"괜찮습니다. 날마다 이렇게 싸우는 것보다는 낫지 않겠어요."

하고 어느 개울가에 이르러 헤어졌습니다.

몇 번이나 뒤를 돌아다보면서 헤어졌지만 아내가 불쌍하게 생각되었습니다.

"혼자도 아니고 저 새끼들을 다 데리고 어떻게 하지?"

하며 그때 올라갔던 빌딩 앞에 이르니 자기보다 두 배 세

배 더 큰 놈들이 터지고, 깨지고, 온몸에 상처를 입고 비틀비틀 몸부림치면서 말했습니다.

"나비가 되어 봐야 알지. 나비가 되어 봐야 알지."
"나비? 나비가 도대체 무엇일까?"
생각해 보았으나 전혀 생각이 나지 않았습니다.
그래서 어려서 젖 먹던 힘까지 다해서 3분의 2쯤 올라가니 위에 있는 놈들은 더 이상 올라가지 않으려고 몸부림치고 밑에 있는 놈들은 밀고 올라가니 아까 밑에 떨어져 죽은 놈들이 다른 놈들이 아니었습니다.
"아, 올라가 봤자 죽으러 가는 것인데, 이게 무슨 짓이냐, 처자권속 다 버리고…"
그러나 이미 때는 늦었습니다.
밀리고 밀려 올라가지 않으려 하여도 저절로 밀려 맨 꼭대기까지 올라갔습니다.
내려다보니 자기가 딛고 서 있는 것이 모두가 애벌레들의 시체였다는 것을 알고 한탄하였습니다.

그런데 그때 웬 나비 한 마리가 와서 머리를 건드렸습니다.
"내려가세요. 내려가세요."
"어떻게 내려간단 말이요?"
"아까 올라온 방법으로 몸부림치며 내려가면 내려갈 수 있습니다."
하고 여섯 개의 발로 머리를 꽉 조여 주었습니다.
마치 몽혼주사를 맞은 듯 정신이 아찔해지며 정신이 몽롱하여 자기도 모르는 사이에 서서히 굴러 내려갔습니다. 내려가니 맨 끝에서 노랑나비가 기다리고 있었습니다.

"내 그럴 줄 알았습니다."

"어떻게 내가 그 위에 있는 것을 알았습니까?"

"자식들을 다 길러 출가시키고 나니 외로워서 살 수가 있어야지요. 그래서 당신과 헤어졌던 그 개울가에 가서 아무리 기다려도 오지 않으므로 물에 빠져서 죽을까 하다가 물에 빠지면 시체까지 떠내려가 당신에게 다시는 내 모습을 보여줄 수 없게 될 것 같아 나무에 목매달아 죽으려고 나무를 쳐다보니 한 애벌레가 고치를 만들고 있었습니다.

그래서 물었습니다.

'뭘 하는 거냐?'

'세상이 너무 억울해서 고치를 만들고 있다.'

'고치를 만들면 무슨 좋은 일이 있느냐?'

'나비가 되어 세상을 훨훨 날아다니게 된다.'

내가 지금 남편을 찾아가지 못하는 것은 힘이 부족하기 때문인데 나비가 되어 날아갈 수만 있다면 당장 당신을 만날 것 같아 물었습니다.

'어떻게 나비가 되느냐?'

'실을 빼서 고치를 만들면 된다.'

'실이 어디 있느냐.'

'너의 몸 속에 있다.'

'실이 들어있다는 생각을 가지고 정신을 바짝 차려 실을 빼면 나와 같이 고치를 만들 수 있다.'

그래서 그가 가르쳐 준 대로 실을 뽑으니 실이 나와 나비가 되었습니다.

그런데 나비가 되고 보니 내 몸은 비록 달라졌어도 생각은 여전히 당신에게 있어 그때 헤어졌던 빌딩을 중심으로 돌다보니 당신이 맨 위에 있어 낙사 직전에 몸부림치고 있는지라 내가 당신의 머리를 조여 충격을 준 것입니다."

"참으로 고맙소. 그렇지 않았으면 나는 꼭 죽고 마는 건데…."

"그건 그렇고, 나도 당신과 같이 나비가 되어야 세상을 함께 날아다닐 수 있을 것 아닙니까."

"어떻게 해야 됩니까?"

"실을 뽑으세요. 내 몸 속에 실이 있다고 생각하고 한 가닥만 뽑아내면 거기서 줄줄이 실이 나오게 되어 있습니다."

"자, 그러면 나도 한 번 해 보겠습니다."

하고 정신을 바짝 차려 힘을 주니 과연 실이 줄줄 빠져 나왔습니다. 그리고 햇빛을 받아 열을 내니 두 날개가 활짝 펴져 하늘을 날게 되었습니다.

그래서 노랑나비와 검정나비는 오늘도 꽃 속에서 잠을 자고 내일도 꽃 속에서 잠을 자며 천지를 유랑하게 되었습니다.

그런데 하루는 노랑나비가 물었습니다.

"여보, 우리가 나비가 된 데는 무슨 의미가 있는 줄 압니까?"

"의미는 무슨 의미? 당신과 내가 날마다 이렇게 짝지어 세상을 돌아다니며 꽃 속에서 구경하는 것이지."

"그렇습니다. 그것도 좋은 일이지만 사실 나비가 없으면 꽃이 피워지지 않습니다. 그러므로 나비는 이 세상에 아름다운 꽃을 피우기 위하여 태어난 것입니다.

그런데 당신이 꽃 피우는 방법을 알지 못하기 때문에 날마다 같이 다니면서 꽃술을 물어다가 다른 꽃 속에 접목시키는 일을 가르쳐 준 것입니다. 그런데 날마다 이렇게 같이 다니면 당신 한 몫의 꽃을 이 세상에 피워 낼 수 없습니다. 그러니 오늘부터 당신은 당신 직장에 가서 꽃을 피우고 나는 나의 직장에 가서 꽃을 피워 이 세상을 아름다운 꽃밭으로 만듭시다."

"아, 참으로 좋은 말씀이요. 나도 오늘부터 내 꽃밭에서 내 꽃들을 피우도록 할 테니 당신은 당신의 꽃을 피워 이 세상을 완전히 꽃밭으로 만듭시다."

그리하여 이 두 나비가 이 세상에 만 가지 꽃을 피움으로써 이 세상은 온통 꽃밭으로 만들어지게 된 것입니다. 실로 나는 이 두 나비의 꽃 피우는 모습을 보고 삶의 보람과 영광을 알게 되었습니다."

"아, 참으로 아름다운 이야기입니다."

"내 어느 때 어떤 극장에서 나비가 춤추는 것을 보았는데 하얀 옷에 붉고 노란 띠를 매고 탑 모자를 쓰고 훨훨 날아다니며 나비춤을 추었습니다.

그 하얀 옷은 지극히 착한 것(善)을 의미하고, 빨강 노랑 띠는 해와 달의 시간을 상징하며, 탑 모자는 굴러다니는 돌덩이가 갈고 갈아져 아름다운 탑을 형성한 것을 상징한다 하였습니다.

인간이라는 것이 돌멩이처럼 굴러다니다 보면 남의 발에 채여 넘어지기도 하고 남을 상처 주기도 하지만 잘 갈고 닦아 차곡차곡 쌓아 올리면 3층, 5층, 9층탑이 되어 인간의 사랑을 우러러 받게 됩니다.

그러므로 나비춤은 범부가 성인되는 과정을 상징적으로 나타낸 춤입니다.

악한 사람이 착한 일을 하고 어리석은 사람이 지혜롭게 살면 범부가 성현이 되어 이 세상의 온갖 고통과 재난을 없애고, 유한한 세상에서도 영원한 마음으로 살고, 괴로운 세상에서도 즐겁게 살고, 부자유한 세상에서도 자유롭게 살고, 더러운 세상에서도 깨끗하게 살 수 있습니다.

이것이야말로 아름다운 꽃밭이요, 사랑받는 꽃이 되지 않겠습니까.”

뽈로스막 교수는 참으로 기뻐하며 얼음공주를 하늘처럼 받들었습니다.

“참으로 감격한 말씀입니다. 나는 예전에 똥 먹는 벌레를 보고 더럽다 생각했는데 벌이 꿀을 만들고 나비가 껍질을 벗는 것을 보고 인생이 허질(虛質)을 벗고 진실의 세계에 들어가 벌과 같이 꿀을 만드는 사람이 되어 살아야겠다는 생각을 한 일이 있습니다.”

그때 땅에서 노래 소리가 들려왔다.

“콩 심은데 콩 나고 팥 심은데 팥 난다.
그런데 어리석은 사람은 콩 심어 놓고 팥 나기를 바란다.
어리석은 생각, 삿된 마음은 바른 삶을 키워갈 수 없다.

천겁, 만겁 맺은 인연 하루아침에 만났으나
자기 받을 빚만 생각하고 갚을 생각은 하지 않아
모처럼 만난 가족들이 안개처럼 흩어진다.

마음은 모든 일의 근본이 된다.
제 마음을 살피지 않고 신(神) 귀신에게 목매는 사람
결국엔 신과 귀신의 노예가 되어
사람 노릇 제대로 하지 못한다.

누구를 원망하고 누구를 미워할 것인가
내가 지은 업과 인연도 책임 짓지 못한다면…
천만 번 몸을 바꾼다 하여도 새 세상을 살기 어렵다.

애벌레가 나비 되는 것 같이 헤어지기 전에 깨달으라.
캄캄한 밤하늘에도 별들은 반짝인다.
자기 세계를 밝히고 남의 세계를 빛내고 있지 않는가."

포유류와 파충류

포유류는 젖을 먹여 새끼를 기르는 동물을 말하고, 파충류
는 뱀, 개구리와 같이 허파로 숨을 쉬고 껍질 속에 알이 들
어 있는 냉혈동물을 말한다.

포유류는 대개 몸에 털이 있고 몸이 따뜻한 온혈 동물을
말하는데 전 세계적으로 4,500종이나 된다고 한다. 원숭이,
사슴, 영양, 다람쥐, 사람 이외는 불빛을 싫어하여 야행성이
많은데 대개 빨간 빛에 대해서는 반응이 둔하다.

그런데 쁘리빗코프 교수와 사드치코프 교수가 여러 교수들
의 말을 듣고 스스로 관심을 가지고 오랜 세월 관찰해 왔던
포유류와 파충류에 대한 이야기를 다음과 같이 들려주었다.

"원숭이, 다람쥐, 쥐, 너구리, 사슴, 박쥐, 같은 것은 사람이 근접하기 어려운 곳을 선택하여 삽니다. 귀가 큰 곰쥐, 몸길이가 짧은 생쥐, 땅굴을 파는 두더지, 집 주위에 사는 시궁쥐나 모양은 모두 비슷하나 사는 장소가 각기 다릅니다.

두더지는 지렁이, 곤충 애벌레, 땅강아지, 달팽이들을 먹으므로 땅 속을 헤치고 다니고 생쥐, 시궁쥐, 곰쥐는 식물, 곤충을 먹으므로 집 주변에 삽니다.

그리고 곰쥐는 땅속이나 굴뚝보다도 높은 곳을 좋아하기 때문에 천정이나 시렁, 전봇대 같은 곳을 오르내리며 전깃줄 같은 것을 갉아 먹습니다.

대개 새끼를 한 해에 다섯 마리부터 열 대여섯 마리까지 낳는데 3개월 지나면 성인 쥐가 됩니다.

들에서 볼 수 있는 들쥐, 풀, 나무, 열매를 먹고 사는 멧쥐, 밭에서 사는 밭쥐는 대부분 풀밭이나 밭 밑에 땅굴을 파고 도토리, 상수리, 밤 등 나무 열매를 주식으로 하고 특히 그 가운데서도 나무를 잘 타는 다람쥐는 귀엽기 그지없습니다.

개, 고양이는 그들의 똥, 발자국을 보고 그들을 찾고, 허공을 나는 박쥐는 발가락에 물갈퀴가 있어 뛰기도 잘하면서 날아다니기도 합니다. 비단처럼 털이 부드러운 박쥐는 날아다니는 곤충들을 주식으로 하며 해안가 동굴에서 떼 지어 삽니다.

나무순이나 잎, 껍질을 먹고 사는 산토끼는 때로 자기 똥을 먹기도 합니다. 뛸 때는 큰 귀를 세우고 긴 뒷다리를 쓰며 걸음을 걸을 때는 일직선으로 가는 놈도 있고 꾸불꾸불 가는 놈도 있습니다.

새끼는 일 년에 두 마리에서 다섯, 여섯 마리까지 낳는데 태어나자마자 걷습니다.

너구리는 잡식성 동물로 곤충, 개구리, 지네, 게, 지렁이, 물고기, 도토리, 고구마, 뱀까지도 잡아먹고 발톱이 긴 오소리는 나무구멍이나 바위틈에서 살며 똥은 언제나 정한 장소에서 눕니다. 다리는 길고 발톱은 사납습니다.

쥐를 잡아먹는 족제비는 숲속, 평지, 물가, 인가의 나무뿌리, 돌무덤 근처에 살면서 죽은 물고기나 게 등을 먹습니다. 암컷은 수컷의 절반 크기에 불과하고 발에 바퀴살이 있어 물 헤엄도 잘 칩니다.

여우는 귀가 밝고 냄새를 잘 맡아 죽은 시체를 즐겨 먹고 땅속에 구덩이를 파고 살며 1년에 3~5월경, 2~9마리의 새끼를 낳습니다.

멧돼지는 발굽이 커 힘센 동물로 바위와 마사지를 하여 몸속의 기생충들을 털어 냅니다.

주둥이가 길고 목이 짧고 단단한 어금니가 밖으로 튀어나와 있습니다. 사슴, 양, 소, 말처럼 새끼 때부터 집에서 길러 가축으로 성장시킨 것인데 특히 식용으로 많이 쓰나 멧돼지는 힘이 세어 곡식밭을 헤쳐 사람들의 농작물을 망쳐 놓기도 합니다.

집돼지는 구정물을 주로 먹지만 멧돼지는 개구리, 게, 새우, 들쥐, 이끼, 버섯, 나무뿌리를 닥치는 대로 먹어 그 힘을 감당하기 어렵습니다.

사슴은 소와 같이 새김질을 하는 동물로 수사슴은 2년부터 뿔이 나 힘겨루기에 쓰기도 합니다. 위험할 때는 엉덩이 털을 세워 위험 신호를 보내고 같은 무리끼리 싸워 이기면 산양과 같이 많은 암컷을 독차지하고 삽니다. 뿔은 1년에 한 번씩 나는데 가을에 났다가 이듬해 봄과 여름에 떨어집니다. 재미있는 전설이 있습니다.

한 임금님이 사냥 갔다가 두 무리의 사슴 떼를 만났는데 몇 마리가 한꺼번에 죽는 것을 보고 두 무리의 대장이 사람 임금님께 나아가 매일 한 마리씩 산 채로 주방에 보내기로 하고 더 이상 죽이지 않도록 허락을 받았습니다.

그 대신 사슴들은 칡넝쿨 같은 산 풀만 먹고 사람의 작물을 해치지 않기로 약속하였습니다. 그리하여 매일 2, 3년 동안 한 마리씩의 사슴을 양쪽에서 제비 뽑아 보냈는데 하루는 새끼 밴 사슴이 걸렸습니다.

어미사슴이 생각해보니 뱃속에 든 것이 세상 구경을 하지 못하고 죽을 것 같아 참으로 불쌍했습니다. 그래서 왕 사슴에게 가서 사정하니

'그 놈도 태어나면 죽기 마련인데 태어난다고 해 별 도움이 있겠느냐. 그냥 가서 죽으라.'

하였습니다.

사슴은 슬피 울면서 왕궁으로 가다가 혹 저쪽 왕 사슴은 내 말을 들어 줄는지 모르니 가보자 하여 갔습니다. 그런데 뜻밖에 그 사슴이 이렇게 말했습니다.

'나는 나이 많아 얼마 살지 못하게 되어 있으니 새끼를 낳아 임금님의 밥을 하나 더 불려 드리면 얼마나 좋겠느냐. 내가 대신 갈 테니 애기를 낳으라.'

하고 뚜벅뚜벅 걸어갔습니다.

임금님께서 모든 사슴을 다 잡아 먹어도 왕 사슴만은 잡아먹지 않기로 약속하였는데 갑자기 왕 사슴이 왔으므로 물었습니다. 왕 사슴은 그동안 사정을 다 말하고 이렇게 돼서 자신이 왔다고 하니 사람 임금님께서는 깜짝 놀라며,

'너야말로 사람보다 낫구나. 나는 오늘부터 사슴 고기를 먹지 않겠으니 부하 사슴들을 잘 보호하라.'

하고 돌려보냈습니다.

그 때부터 사슴들은 마을 사람들의 밭에 가까이 들어가지 않게 되었고 수사슴들은 1년에 한 번씩 사슴뿔을 크게 키워 임금님께 바침으로써 녹용을 먹게 되었다고 합니다.

영양은 뿔이 날카롭고 힘이 세어 바위 근처에서 풀을 뜯어 먹고 삽니다. 보통 혼자서 독립해서 살고 봄, 여름에 낳은 새끼를 1년 동안 꼭 데리고 다니면서 보호합니다.

장난꾸러기 원숭이는 동구멍이 빨갛습니다. 하는 짓이 사람과 같아 침팬지와 함께 유인원에 속합니다. 새끼를 낳아 업어주고 젖을 먹이는 것, 이를 잡아주고 손을 쓰는 것이

너무도 사람과 닮았습니다.

나무를 잘 타고 감, 밤, 굴, 산복숭아 같은 산과일을 즐겨 먹고 풀잎, 나무껍질도 벗겨 먹습니다. 보통 2~30마리가 짝을 지어 다니며 사랑을 베푸는데 한 번 서열이 정해지면 절대 복종합니다.

살무사와 독사에 물리면 위험합니다. 반시뱀은 머리가 3각형으로 되어 있고 풀밭에서 쥐 같은 것을 잡아먹고 삽니다.

율모기는 비늘이 가늘고 거무튀튀한 색을 가지고 있습니다.

도롱뇽은 앞뒤 발이 네 개 달려 있고 독이 있는 두꺼비는 온 몸이 두툴두툴 합니다.

도마뱀은 꼬리를 끌며 자르면 곧 근육이 오무라들어 피를 멈추게 하므로 죽지 않고 떨어진 꼬리는 펄쩍펄쩍 뜁니다. 흰 알을 흙 속에 낳아 4~5월에 산란시킵니다.

주위에 색깔을 따라 몸색이 달라지며 발가락에는 발톱이 없습니다. 봄, 여름 벽에 붙어 모기 파리들을 잡아먹고 벽에다 알을 낳아 정액으로 발라두어 알이 떨어지지 않게 합니다.

뱀은 살무사나 구렁이, 율모기, 악자치, 누룩뱀 모두가 비늘이 있어 1년이면 2~3회 허물을 벗습니다. 생김새가 꼬불꼬불하여 보기에도 징그러우며 또 물리면 때론 죽기도 하므로 증오의 대상이 되고 있습니다.

거북이는 자라와 함께 등에 딱지가 있어 단단하고 위험할 때는 그 껍질 속에 네 다리와 머리를 숨겨 재치 있게 재난을 잘 피하므로 지혜의 상징물로 인식되어 왔습니다.

서해 용왕의 사신으로 토끼 간을 얻으러 나왔다가 별주부전을 만든 잡식성 동물입니다. 주로 식물이나 생선, 조개를 먹고 살고 성질이 둔하여 오랫동안 먹지 않고도 살므로 장수의 상징으로 이해되기도 합니다.

개구리는 참개구리가 되었든지 청개구리가 되었든지 뛰기를 잘하는데 산란기가 되면 성낭(聲囊 : 소리주머니)을 부풀려 울기도 하고 적의 침입을 알리기도 합니다.

이른 봄에 알주머니를 개울 못 같은데 낳아 거기서 올챙이가 태어나는데 대개 뱀에게 잡혀 먹히고 개구리는 반대로 거미, 모기, 파리 같은 것을 잡아먹습니다.

대부분 사람이 건들지 아니하면 피해를 주지 않지만 건들면 사람을 공격하는 경우도 있습니다. 모두가 먹이 사슬을 따라 산이나 들, 집 근처에 의지해 살고 있으니 놀랄 것까지는 없습니다.

만약 두려우면 먹이 사슬들을 미리 청소하면 오라고 빌어도 나타나지 않게 되어 있습니다.”

두 사람은 이렇게 서로 보고 관찰한 이야기들을 재미있게 주고받았다.

“어쩌면 이렇게 사람들이 사는 것이나 동식물들이 사는 것이 하등의 차이가 없습니까. 사람들은 이런 것들을 의지하여 서로 친구가 되어 살고 있으니 말입니다.

소와 말, 돼지를 이용하여 식량도 마련하지만 뱀, 개구리 같은 것들은 사람들을 해롭게 하는 해충들을 잡아먹고 살아 도움이 되는 경우도 있습니다.

사람은 이런 것들을 보고 큰 지혜를 얻기도 합니다. 뱀, 구렁이, 살무사 같은 것들이 겨울 내내 움직이지 않고 단식 하는 것을 보고 얼음공주는 2천년 동안 공기만 마시고 살면 서 물도 마시지 아니 했습니다.

공자님도 곤충과 동물이 사는 모습을 보고 3강 5륜을 만 들었다고 하지 않습니까. 호랑이가 제 새끼 감싸는 것을 보 고 부자유친(父子有親)을 만들고, 말이 가까운 혈족을 범하지 않는 것을 보고 부부유별(夫婦有別)을 만들었다고 합니다.

공자님이 하루는 길을 지나가다가 마을 뒷산에 앉아있는 불호랑이를 보고 물었습니다.

'어찌하여 호랑이가 사람을 해치지 않는가?'

'호랑이는 새끼를 낳으면 자식의 보호를 위하여 40리 이 내에 있는 것은 닭 한 마리도 잡아먹지 않습니다.'

'짐승도 저러하거늘 사람이 전쟁을 핑계로 하고 부모처자 를 버리고 자기 혼자만 살려고 도망가니 어찌 저 짐승과 같 다고 하겠느냐.'

하셨습니다.

또 한 번은 질이 좋은 큰 말을 보고

'작은 말과 접을 붙여 큰 말을 생산하면 좋지 않겠는가?'

하니 마부가 말했습니다.

'말은 4촌까지 알아보기 때문에 3년을 한 방에 넣어 놓아

도 가까이 하지 않습니다.'

　'피난 중에 헤어진 피붙이를 알아보지 못하는 사람도 있는데 사람보다도 더 낫구나.'

　하고 부부유별을 설했다고 합니다."

물속의 생물들과 산속의 식물들

다음은 들께이뜨 박사와 묘길니코프 교수께서 물속의 생물들과 산속의 생물들에 대하여 설명해 주었다.

"여러분은 강이나 바다 속을 탐색해 본 일이 있습니까?"

"그럼요, 어렸을 때 누가 강가에 가서 놀지 않고 바다 속을 여행하지 않은 사람이 있습니까.

특히 우리 조상들이 살고 있었던 알타이 지대에는 산과 호수 물이 많아 동광(銅鑛)이나 수은광(水銀鑛)이 있는 장소를 제외하고는 별별 가지 고기들이 많았습니다.

먼저 하천에 나아가면 깨끗한 물에 사는 물여우, 나비의 유충들, 모절플라나리아, 뱀, 잠자리 유충, 큰등깍지, 하루살이 유충들이 있고 흐린 물 속에서도 영국우렁이, 납작벌레, 거머리, 짚신벌레, 강우렁이, 실지렁이, 모기 유충들이 많이 있는데, 그 중 모기 유충을 잡아 낚싯밥으로 사용하기도 합니다.

특히 봄, 여름으로 도랑물에 나아가면 수생 곤충 번데기를 만나기 쉽습니다. 그때가 바로 성충 시기이기 때문입니다.

강에는 길이가 30㎝가 넘는 물고기가 많습니다. 반투명체의 사백이(망둥이)는 새끼 때는 하구에서 자라다가 1년 뒤 알을 낳게 되면 강을 거슬러 오르고 뱅어, 뱀장어도 마찬가지입니다. 뱀장어는 몸길이가 40~100㎝가 넘고 참게 새끼는 어려서 갯가에 가서 자라다가 변태하여 새끼 게가 된 뒤 초여름에 강을 거슬러 올라옵니다.

이렇게 장소를 따라 옮겨 다니며 사는 고기를 회유어(回遊魚)라고 합니다. 조선의 두만강, 낙동강 연해와 일본의 캄차카 반도, 알래스카, 캐나다, 북부 캘리포니아 연안에도 많이 분포돼 있지요.

강 하류에는 플랑크톤이 많으므로 돌잉어, 동사리(꿜망둥어), 메기 같은 것이 하천에서 태어나 바다에 갔다가 다시 큰 다음에 하천 연못으로 돌아옵니다.

붕어는 환경에 따라 적응성이 커서 금붕어, 은붕어, 붉은 붕어까지 여러 가지로 변태하는데 더듬이가 긴 가재와 함께 웅덩이나 맑은 내에서 삽니다.

가재의 턱반은 무서울 정도로 강하고 새우처럼 허리를 구부려 배다리, 가슴다리로 달리기도 합니다. 한 번 물면 잘 놓지를 않아 손가락이 구멍이 날 때도 있습니다.

　메기와 같은 지느러미가 있는 송어, 은어도 환경에 따라 그 모습이 달라집니다. 마치 똑같은 사람인데 해가 짧은 북쪽에서 사는 사람은 백색인이 되고 뜨거운 남쪽 나라에서 사는 사람은 흑인이 되는 것 같습니다.

　등딱지가 넓은 방게, 칠게는 개펄이 가까운 논두렁에서 많이 살고 갯지렁이들은 박테리아를 원생동물로 잡아먹고 사는데 한 구멍으로는 먹이를 잡아 먹고 한 구멍으로는 배설물을 내보내는데 이 배설물 때문에 도요새 등에게 많이 잡혀 먹힙니다.

　모래땅에서는 껍데기가 두꺼운 바지락, 조개가 살고 농게, 달랑게, 콩게, 친게, 꽃게 등이 무더기로 살고 있습니다. 굴, 고동, 큰따개, 국화따개비는 비말대에서 살고 딱지조개, 솔방울, 고동, 성게, 말미잘, 거미, 불가사리 같은 것은 조간대에서 살고 전복, 해면, 큰불가사리 같은 것은 점심대에서 삽니다.

　만조와 간조 시간에 바닷물이 고여 있는 곳을 찾아가면 톱날게, 말미잘, 갯민숭이, 주걱벌레, 바다거미, 뿔달린 납작벌레, 그물베도라치, 망둥이, 쏨뱅이, 밀멸 같은 것이 살고 가시로 독을 뿜는 쏠종개, 얼룩무늬무치, 섬게, 독치 등은 쏘이면 쑤시고 아프고 구역질이 나기도 합니다. 바닷가에 흩어져 있는 야자열매나 상충가지, 살구씨, 소철 열매를 즐겨 찾는 관성계, 과비오 불가사리 같은 것은 등딱지가 굳고 집게발이 단단하여 뼈오징어처럼 석회질을 가진 단단한 뼈를 가지고 있는 것도 있습니다.

생선 가게에서 흔히 볼 수 있는 삼치, 고등어, 정어리, 꽁치 등은 물과 겨울을 좋아하고 오징어, 넙치, 새우 등은 여름, 가을을 즐깁니다.

집 주위에 자라나는 식물들은 쑥, 대상초, 씀바귀, 민들레, 토끼풀, 질경이, 괭이밥, 밴저뱅이, 쇠비름 같은 것이 많고 철이 바뀔 때마다 봄개망초, 냉이, 그루터기, 쇠뜨기, 큰개불알풀 등이 성하고 여름에도 돼지풀, 쑥새풀, 벼룩나물, 엉겅퀴, 털개구리미나리 같은 것이 자랍니다.

마디에 잎사귀가 둘 이상 달리는 윤생(돌려나기), 대생(시주나기), 호생(어긋나기) 같은 것이 있고, 꽃모양에 암수가 함께 달린 것도 있고, 눈꽃처럼 화려하게 올라오는 관상화도 있습니다. 가지에 털이 나고 가시가 붙어있는 것도 있고 넝쿨처럼 꼬불꼬불 말려가는 덩굴초도 있습니다.

땅 밑으로 기어가는 줄기 식물도 있고, 감자같이 땅 속에 씨앗을 묻고 사는 고구마도 있습니다. 꽃받침이 밑으로 젖혀진 서양 민들레도 있고, 솜털처럼 피어나는 민들레도 있습니다.

빨리 자라고 가시가 없고 병충해가 적은 나무가 가로수로 많이 사용되어 플라타너스, 버드나무, 수양버들, 은행나무 같은 것이 그것이며 그 밑에 보면 민바랭이, 별별 쇠비름, 강아지풀들이 우거져 있습니다.

봄이 되면 홀아버지 바람꽃, 얼레지, 쌍둥이 바람꽃, 홀아

비대, 3지구엽초, 복수초, 두릅나무, 머위순 같은 것이 성하고 특히 제비꽃 종류에는 종류도 많습니다.

덩굴 식물로는 나무나 바위 등을 타고 오르는 담쟁이 덩굴, 오른쪽으로 감기는 계뇨등, 왼쪽으로 감기는 으름나무, 가을이 되면 맛있는 열매가 열리는 머위, 풀외, 잎끝에서 덩굴손이 나오는 산갈퀴 같은 것도 있습니다.

연한 노란꽃과 도가머리 같은 것은 겨울에 자라고 사람 몸에 붙어 옮기는 식물에는 도꼬마리, 이삭여귀, 쇠무릎, 수크렁, 털도깨비바늘, 도둑놈 갈고리, 칡, 면가치, 주름조개풀, 털진득찰 같은 것이 그것이고 백목련, 머루, 참회나무, 광나무, 겨우살이 등은 새 짐승에게 먹혀 씨가 퍼집니다.

자연의 힘은 참으로 위대합니다. 민들레, 참억새, 종덩굴, 참마, 소나무, 단풍, 떡누릅, 방가지똥, 참똥, 참소리쟁이는 바람에 날리어 번식하고 이질풀, 제비꽃, 물복숭아는 껍질이 마르면서 안팎으로 튀어 나와 번식합니다.

물에 떠내려가 번식하는 것 가운데는 땅버들, 해녀콩, 갯무, 문주란, 호두 등이 있으며 씨를 뿌려 되는 것은 벼, 보리, 밀 같은 것이 그것입니다. 도토리, 종가시나무, 떡갈나무, 상수리, 돌참나무, 구실잣나무, 너도밤나무, 참가시나무는 모두 도토리과에 속한 것들인데 다람쥐, 쥐도 즐기지만 사람들이 묵 같은 것을 해서 먹습니다.

옛날 어떤 임금님이 피난 가다가 도토리묵을 잡수시고 얼마나 맛있던지 물었습니다.

'이 이름이 무엇인가. 도토리묵입니다.'

'이렇게 맛있는 것을 그렇게 불러서 되겠느냐. 상수리라고 해라.'

하였는데 다시 본 자리로 돌아와 그때 그 생각을 하고 상수리묵을 가져 오라 하여 먹어 보니 별 맛이 없으므로

'다시 도토리라 하라.'

하여 다시 도토리가 되었다 합니다. 사람처럼 간사한 것이 없지요.

가을이면 자작나무, 엄나무, 개암나무, 은백양, 튤립, 느티나무, 난티나무, 단풍나무, 팽나무 잎사귀가 땅에 떨어져 장관을 이루는데 밟고 지나만 가도 푸근푸근 고향 생각이 절로 납니다.

겨울철에 나는 2년 만에 피는 큰달맞이꽃, 다년초 수영이, 2년 초 개망초, 백목련, 졸참나무, 침엽수, 왕가래, 아카시아, 가막살아, 황백나무 등은 장미를 닮은 노제트와 함께 약용 식물로 많이 씁니다.

물속에서는 부들(행포) 마름, 개구리밥, 검정마름 등이 자라고, 습한 곳에서는 수련, 갈대, 물이끼, 끈끈이주걱, 통반 등이 있는데 대부분 끈끈한 점액이나 긴 안테나로 벌레들을 잡아먹습니다.

바닷가에는 후박나무, 팔손이, 생단나무, 섬범이수, 좀사리풀, 통보리, 갯메꽃뿌리, 수송나물, 번행초, 빈틈나리 등이 번식하고 양치류란 쇠뜨기, 뱀밥, 고사리, 고비, 우산이끼, 솔이끼 같은 것이 손가락을 벌리고 포자낭을 만들어 번식합니다.

버섯 종류는 대부분 균으로 번식하는데 치즈나 빵균, 검은 곰팡이, 푸른 곰팡이, 페니실린, 효모균, 이스트균은 빵이나 맥주, 음식물 같은데서 번식하고 광저버섯 송이, 느타리, 능이, 석봉버섯, 말뚝버섯, 좀말똥버섯, 광대버섯, 좀환각버섯 등은 독이 있는 것도 많으니 조심해서 먹어야 합니다.

대개 썩은 나무에서는 조끼버섯, 영지버섯, 나도버섯, 동충하초, 개미버섯, 매미버섯, 딱정벌레버섯 등이 있는데 항생작용을 잘 하여 항암 치료제로 쓰는 것도 더러 있습니다.

세계에서 제일 큰 꽃인 라플레시아는 지름이 1~2m나 되는데 인도네시아, 수마트라 섬이나 필리핀에서 볼 수 있습니다.

나무나 줄기가 없고 그냥 꽃이 양배추처럼 수 개월 동안 자란 뒤 다섯 잎이 3~7일만에 시듭니다. 꽃잎이 과일의 살처럼 두툼하고 썩은 냄새가 나 고약한데 이 또한 포도나무 뿌리에서 기생하는 기생식물입니다.

학자들은 이들 동식물을 척추동물, 절지동물, 환형동물, 연체동물 등으로 나누고 식물도 나사식물, 피자식물, 고사리과, 갈조식물, 진균류 등으로 분류하여 관찰하나 우리는 그것을 의약의 자료나 식물(食物)로서만이 아니라 자연의 한 상태로서 관찰하고 우리 인생과 어떤 관계가 있는가를 살펴보았을 뿐입니다. 아무리 동식물이 기이(奇異)하다 하여도 그것들을 먹고 식용하는 사람만은 못한 것과 같이들 느낍니다. 그러나 각기 자기의 독특한 성품을 가지고 이해를 돕고 있기 때문에 생명 그 자체로 보아서는 하등의 차이가 없습니다.

사람들은 자기에게 이로우면 귀히 여기고 필요 없는 물건이면 천하게 생각하는데 이 세상 모든 존재는 의미 없는 것이 하나도 없습니다.
그러므로 옛사람이 이르기를
'한 겨울 찬바람을 맞아 보지 아니 했다면 어떻게 소나무, 대나무의 절개를 알 수 있으며 병들어 죽을 때를 겪어 보지 아니한 사람이 병들고 늙은 사람들의 속을 알 수 있으랴.'
하였습니다."

알타이 대학 세미나 01

청동기 시대의 성녀와 우주과학

오늘부터 알타이 대학에서 3일 동안 특별조사 발표회가 있는 날이다.

알타이 대학 까류쉰 교수와 뽈로스 박사 그리고 쁘리빗코프, 사드치코프, 소요노프 등 여러 교수님과 박사님들이 우주과학과 여러 생물들의 생활 그리고 생명의 실상에 대하여 발표하는 날이다.

강당에는 '알타이 신화와 샤먼'에 대하여 권위를 가지신 아레프예프 교수님과 알타이 크라이 문화관광위원회 여러분과 여러 과의 전문의, 대학, 대학원 학생, 연구원 관심 있는 사람들이 꽉 차 있었다.

먼저 노보시비리스크 교수 고스다르스트벤늬대학 멀티미디어 센터에서 준비한 '시베리아 고대예술'을 보여주고 다음에 알타이 사진 180장과 비유 그림에 대한 동영상을 스카프 바르나울에서 상영해 주었다.

동토(凍土)의 예술은 참으로 실감미가 있다. 그냥 전설이 아니라 사실적인 영상이었기 때문이다.

먼저 까르쉰 교수가 말했다.

"이는 필경 청동기 후기 시대의 묘지인 것 같습니다. 구석기 시대의 빙하기가 지난 후 빙하기 시대가 되면 양극의 두꺼운 얼음이 녹아 내려 해안선이 형성되면서 중석기 시대가 됩니다.

온화다습한 기후가 형성되면 세모, 네모, 사다리꼴 신석기 화살촉이 나오고 시베리아 스칸다나비아 반도에서 사용하던 빗살무늬 토기가 나오는데 여기서는 전혀 그러한 기미가 보이지 않습니다.

또 신석기 시대가 되면 구석기 시대의 채집생활에서 벗어나 농경과 목축을 주로 하는 정착생활을 하기 때문에 여러가지 곡식과 알갱이와 거기 해당되는 장식품들이 나오는데 여기서는 상당히 세련된 중앙아시아 제품들이 나오는 것으로 보아 BC 2천년을 전후한 청동기 시대의 성녀인 것 같습니다.

여자 장수급 부족 대표라면 적어도 화살이나 화살촉 같은 것이 나와야 하는데 부드러운 악기가 나왔다고 하는 것은 천체의 물리를 잘 아는 고급 샤머니즘의 주인공일 수도 있습니다.

이때쯤 되면 산과 물, 자연을 숭배하면서 영혼을 달래는 제사가 유행하는 시대가 되므로 그런 제사를 주관한 제사장일 수도 있습니다.

특히 몸에 건 목걸이와 팔찌 등 장신구를 볼 때 더욱 그러한 느낌을 가지게 됩니다.

대개 이때쯤 나타나는 것이 군장들의 가족묘 고인돌(支石墓)인데 고인돌은 흔히 네 개의 굄돌을 세워 장방형의 석실을 만든 뒤 그 위에 돌 뚜껑을 덮기 마련입니다. 그런데 이것은 돌무덤 적석총(積石塚)이거든요. 청동기 시대 군장들이 나타나고 빈부의 격차 때문에 지배계급과 피지배계급이 형성되는데 이 묘는 군장들이 집안보다는 종교적 요소를 많이 가진 성녀의 묘 같습니다.

대개 군왕들은 동거한 여인들이나 동행한 말, 창, 칼 등을 가지고 있기 마련인데 여기에는 말 이외에 또 다른 것이 없는 것으로 보아 이 묘지는 세계의 평화와 인류의 안녕을 위해 기도하는 성녀 같습니다.

특히 머리에 일곱 개의 매듭이 있는 것을 보니 천상 신앙의 별여인이 아닌가 생각됩니다.

사방 상하를 우(宇)라 하고 왕점래금(往占來今)을 주라 하는데 우주에는 수 없이 반짝이는 별들이 은가루를 뿌려 놓은 듯 찬란하게 빛나고 있습니다.

이 세계를 우리의 조상들은 구천(九天)이라 불렀습니다.

그래서 '호천망극(昊天罔極)'이란 말이 생겼지요. 옛사람들은 이들 별을 보고 점성술을 개발하여 인간의 길흉을 점치기도 하였으나 지금 와서는 그것이 천문학이 되어 있지 않습니까.

그리스 사람들은 천문학을 '아스트로노미야(Astronomy)'라 하였는데 '아스트로'는 별을 의미하고 '노미야'는 법칙을 뜻합니다.

끝없는 공간과 시간 속에 펼쳐져 있는 세계에서는 종종 집채만한 돌(雲石)들이 떨어져 옛사람들은 매우 놀라고 두렵게 생각하였습니다.

사실 그 모든 별들에게는 빛이 있고 사람들의 눈에 비치게 되면 파장을 형성하여 반짝반짝 빛이 나게 되어 있습니다. 때로는 서로 부딪쳐 떨어지기도 하고 외롭게 돌다가 낙사하기도 합니다. 그런데 그들은 일정한 선(線)을 중심으로 고속대(高速帶)를 형성하여 돌아가는 것도 있고 아쿠트루스 시리우스처럼 공간을 움직이는 항성도 있습니다.

그러나 때로는 두 별이 질량의 법칙을 따라 서로 도울 때도 있는데 그 위치를 측정하는 것을 위치 천문학이라 하고 그 빛을 측정하는 것을 측광학(測光學)이라 하며 빛의 본질을 분석하는 것을 분광학(分光學)이라 하는데 옛날에는 그것을 합쳐서 점성술이라 불렀습니다.

지구에는 상당한 두께의 대기가 있어 별빛을 받아들이는데 여러 가지 장애를 형성합니다. 빛의 중심으로부터 광학 창문과 소리를 중심으로 들려오는 라디오가 그것입니다. 그런데 옛날 바빌로니아, 이집트, 그리스 사람들은 혼천기(渾天機)를 만들어 그 빛의 밝고 어두운 것(明暗)과 크고 작은 것(大小)을 구분하여 세계와 자연 인류가 돌아가는 이치를 점쳤습니다.

그러나 워낙 먼 거리에 있어 맞는 것도 있고 맞지 않는 것도 있었으나 예리한 눈을 가진 성자들은 전파 탐지선을 가지지 않고도 X선, R선, 자외선 등을 발견하여 하늘과 땅을 기준으로 남북 자오선(子午線)을 긋고 동서 묘유선(卯酉線)을 만들어 별들의 자전(自轉)과 공전(空轉)을 점쳐 냈습니다.

하늘 끝을 천주(天柱), 하늘 북을 북극(北極), 남쪽을 남극(南極)이라 하고 두 지점이 만나는 곳을 지평선(地坪線)으로까지 작성하였습니다. 후세 지구본은 이것을 따라 만들어진 것이지요.

그런데 이 성녀는 이것을 보고 세상의 길흉화복과 흥망성쇠를 점치며 세상 사람들에게 좋은 일할 것을 가르친 선생이었던 것 같습니다.”

그 때 과학을 전공한 뽈로스막 교수가 말했다.

“실로 눈으로 볼 수 있는 별도 있지만 볼 수 없는 별도 많이 있습니다.

중국, 그리스, 라틴 사람들은 별의 위치, 명암, 분광, 운동 등을 따라 북극성, 데네브, 견우, 직녀 등을 찾아냈습니다.

그래서 그리스에서는 천문대 이름을 따서 프톨레마이오스의 성표(星標)를 만들고 독일 본, 미국 하버드 대학에서는 HD 목록을 배경으로 팔로마 성도(星圖)를 만들게 된 것입니다. 또 북극과 적도에서 보이는 별들을 주극성(主極星)이라 하고 적도에서 나타났다가 없어지는 별들을 출몰성(出沒星)이라 불렀습니다.

태양은 지구와 같이 연주 운동으로 1년에 360도를 돌고 그래서 아침저녁으로는 보이지 않고 적도에 들어가면 아주 없어지는 것같이 느껴져 일식과 월식이 생기게 되는 것입니다.

동양인은 그 별자리를 황도 12궁을 따라 28수를 정하고 서양인은 동물이름으로 정했으니 12궁은 백양, 금우, 쌍녀, 거계, 사자, 처녀, 천평, 전갈, 인마, 가갈, 보병, 쌍어궁이 그것이고 12수는 양, 황소, 쌍둥이, 개, 사자, 처녀, 천칭, 천갈, 궁수, 염소, 물병, 물고기가 그것이며 28수는 각, 항, 저, 방, 심, 미, 기(角, 亢, 氐, 蒡, 心, 尾, 箕)동방별과 규, 루, 위, 묘, 필, 자, 삼(奎, 婁, 胃, 昴, 畢, 紫, 參) 서방별, 정, 귀, 유, 성, 장, 익, 진(井, 鬼, 柳, 星, 張, 翼, 辰) 북방별, 두, 우, 여, 허, 위, 실, 벽(斗, 牛, 女, 虛, 危, 室, 壁) 남방별이 그것입니다.

이들이 움직이는 자리를 따라 봄, 여름, 가을, 겨울 4시 4철에 24절기를 만들게 되었으니 참으로 신기한 일이지요. 지구촌 일도 다 알지 못하는 사람이 많은데 하물며 지구 밖의 일이야 상상이나 하였겠습니까.

그러니까 성녀지요.

사실 하나의 태양을 중심으로 움직이는 별과 움직이지 않는 별이 있는데 움직이는 별을 행성(行星) 혹은 혹성(惑星)이라 하고 움직이지 않는 별을 항성(恒星)이라 합니다.

　행성 가운데서도 그 밝기를 따라 수성, 금성, 화성, 목성, 토성으로 나누는데 태양을 따라 순행하는 것도 있고 역행하는 것도 있습니다.

　이들이 태양과 일치된 때를 내합(內合)이라 하며 지구를 사이에 두고 정반대편에 뜨면 충(衝), 합과 충 사이에 직각을 이루면 구(矩), 구가 동방구에 가면 하구, 서방에 가면 상구라 합니다.

　지구가 태양을 한 바퀴 도는 시간을 약 1년이라 하고 달이 지구를 한 바퀴 도는 시간을 약 28일로 계산하다 보니 양력과 음력이 생겼으나 옛 바빌로니아 사람들은 별력(星曆)을 쓰기도 하였습니다.

　실로 지구에서 가장 가까운 별은 달입니다.

　달은 천체의 일부분으로 돌다가 지구의 인력에 끌려 생겨난 것이라 하기도 하고 지구의 일부분이 떨어져 나가 지구에는 태평양이 생기고 천체에는 달이 생겼다 하는 견해도 있습니다.

　지구가 우주에 중심에 정지해 있고 해와 별들이 돈다고 생각하면 그리스 프톨레우스가 주창한 천동설(天動說)이 되고 태양이 중심이 되어 지구가 돈다고 생각하면 폴란드 코페르니쿠스가 주창한 지동설이 됩니다.

말하자면 수성, 금성, 지구, 화성, 목성, 토성이 동에서 서로 한 바퀴 운동하면 자전이고 덴마크 천문학자 브라헤의 제자가 말한 대로 행성이 태양을 초점으로 돌고 행성과 태양이 같은 시간에 같이 운동하여 가장 가까이 만나는 지점을 근일점이라 합니다.

그런데 케플러의 행성운동법칙이 왜 일어나느냐 하는 문제는 뉴튼의 학문 즉 수학, 천문학, 물리학이 나오면서 증명되었습니다.

그리고 여섯 개의 행성과 소행성, 천왕성, 해왕성, 명왕성 등을 모아 세상에 알린 사람은 독일의 천문대장 보데가 처음입니다.

그러면 지구와 달은 어떤 관계가 있을까요."

알타이 대학 세미나 02

지구와 달

"사실 지구도 하나의 천체입니다.

옛날 사람들은 하늘은 둥글고 땅은 계란 속의 노른자위와 같다고 생각한 사람도 있었으나 최근 아폴로 8호가 올라가서 보니 지구도 해와 같이 둥글었습니다.

BC 250년경 그리스 에라토스테네스는 태양의 천정거리로서 지구의 크기를 알아냈으며 카펜디시는 지진의 종횡파(P.S)를 통하여 지구의 질량과 만유의 인력을 알아내어 땅속에는 높은 온도의 열이 있다는 것도 알아냈습니다.

또 지구 밖의 여러 개의 대기권과 성층권, 전이층(電離層)이 있어 방사 굴절 현상을 일으키고 있다는 것도 알아냈습니다.

지구의 표면은 남북으로 갈라 위도(緯度)를 표시하고 천문, 지리, 지심을 정하여 천체 망원경을 만들고 북주의 항성과 위치를 맞추어 경도(經度)를 측정, 자오선(子午線)의 변화도 알아냈습니다.

해와 달이 동쪽에서 떠서 서쪽으로 돌아가 자전운동을 할 때 해와 달의 인력에 의하여 태풍, 위도의 방향과 조석작용(潮汐作用)이 일어난다는 것도 알아냈습니다.

지구가 태양의 주위를 도는 것을 공전(公轉)이라 하는데 거기서 봄, 여름, 가을, 겨울 4계절이 나타나고 삭망(朔望)이 생기는 것도 알게 되었습니다.

달 또한 지구에서 가장 가까운 천체이지만 하얀 쪽배를 타고 은하수를 거쳐 토끼가 방아 찧는 것을 볼 수 있다고 생각했는데 1969년 우주여행을 통하여 그 거리와 크기, 형상을 측정하게 되었습니다.

그 형태는 지구와 같이 오랜 세월의 대류 작용으로 산과 바다가 생겨 태양빛을 받아 광(光)을 나타내 구름과 대기가 없이 빛과 열이 조절되지 않으므로 낮에는 덥고 밤에는 추워 생물이 살 수 없다는 것도 알아냈습니다.

지구와 달은 서로 주위를 돌면서 세차(歲次), 조석(潮汐) 운동을 일으켜 만조(滿潮)와 간조(干潮) 현상을 나타내므로 바다의 인력으로 천하의 생물들이 많은 변화를 일으킨다는 것도 알아냈습니다.

그러나 달은 지구로부터 약 3,840,000㎞ 지점에서 달과 함께 공전함으로써 일식과 월식이 나타난다는 것도 알아냈습니다.

태양계에서 눈으로 볼 수 있는 행성은 수성과 금성, 지구, 화성, 명왕성, 목성, 토성, 천왕성, 해왕성, 태양, 달이고 그들 별들을 중심으로 돌고 있는 작은 별(小行星)들은 그 수를 헤아릴 수 없습니다. 그러나 거기에도 우리와 같은 온도와 산소, 수분, 빛이 고르지 못해 생명이 살기에는 알맞지 않다고 판단하고 있습니다.

그런데 여러 가지 종교적 경전에는 우리와 똑같지는 않지만 정신적인 물질적인 존재가 있다고 확신하고 있습니다. 또 아무런 예고도 없이 갑자기 나타난 혜성들이 있는데 그동안 나타난 엥케 혜성을 보면 꼬리가 길게 달려 있는 천체로 인식되었고 꼬리도 없고 빛도 없는 코마 같은 것도 있다고 알려졌습니다.

이 외에도 우주를 떠돌고 있는 유성(流星)들이 있으며 태양 부근에서 태양의 코로나와 황도광이 있고 종종 지구상에 떨어지는 운석이 있는데 역시 그 숫자는 헤아릴 수 가 없다고 합니다.

어찌 보면 이 세상에는 헤아릴 수 없는 혜성과 유성, 황도광, 운석이 우주에 꽉 차 있는 것 같으나 얼마나 넓은 하늘이기에 그 모든 것을 다 수용하고도 그 공간이 끝없이 남아 있으니 진실로 우주는 넓고 큰 것입니다.

지구의 대기는 이러한 것들을 다 녹여 그 피해를 막아주고 설사 떨어진다 하더라도 원석의 천만분의 1도 되지 않지만 지구사람들은 이것을 보석으로 이해되고 있으니 신기한 일입니다. 그래서 이런 것들이 한데 모여 하나의 태양계를 형성하고 있는 것인데 그 태양계는 그 하나에서 그치는 것이 아니라 끝없이 전후, 좌우, 상하로 펼쳐져 있으므로 불교의 화엄경에 있어서는 이것을 '무진법계'라 부르기도 합니다.

그러면 그 태양계가 언제 어떻게 생겼는지 들어 보도록 할까요.

칸트와 라플라스는 성운설을 주장하고, 스피처는 연성설, 시미트는 운석론, 바이째커는 난류설, 위플과 호일은 진운설, 암흑반성설을 주장하였으나 아직까지 확실한 것을 발견하지 못하고 단지 고대 인도인들의 미진설에 불교 화엄경의 인연설이 장차 이 모든 것을 증명해 줄 것이라고 믿고 있습니다.

세상에는 아직도 보이지 않는 항성들이 태양과 같이 무진하게 활동하고 있고 별들과 별들이 모여 은하계를 형성하고 있으며 거기서 나타난 전파가 끝없이 파도치고 있습니다. 이제 우주의 공간에는 우주의 정거장이 만들어지고 그 공간을 이용할 수 있는 여러 가지 기계와 천문대가 많은 의심을 풀어줄 것입니다. 과학이 아닌 것으로는 대각성자들의 빛과 같은 거울(光鏡)밖에 또 다른 것은 없다고 생각합니다.

우주는 이렇게 신비에 싸여 있으므로 여러 가지 비유설화가 만들어졌습니다.

옛날 옛적 황후가 포란병(抱卵病)이 들어 얼굴이 붉어지고 온 몸이 새까맣게 타들어가므로 갈가마귀(황색가마귀)가 걱정하다 물었습니다.

'왜 이렇게 검어지고 있습니까?'

'궁중 음식이 먹고 싶어 그런단다.'

'어디에서 구해 와야 합니까?'

'임금님 주방에 가야 한다.'

그리하여 임금님 주방 곁에 가 있다가 머리에 이고 가는 임금님의 음식을 훔쳐 도망가니 결국 잡아 문초하였습니다.

'네가 어찌하여 남의 음식을 훔쳐 가느냐?'

'우리 황후를 살리기 위해서입니다.'

하고 자세히 말하니

'너야말로 보통 사람보다 훌륭한 생물이로구나. 내 너의 모습을 저 해 속에 넣어 영원히 없어지지 않게 하리라.'

해 속에 그려 넣으니 그때부터 해 속에 금가마귀가 나타나게 되었다 합니다. 그래서 해를 그 때부터 '금오(金烏)' 즉 금가마귀라 부르게 되었다 합니다.

또 달을 옥토끼(玉兎)라 부르는데 이 설화는 인도에서 만들어졌습니다.

하느님 제석천(帝釋天)께서 지상을 내려다보니 여우 한 마리와 거북이 한 마리, 토끼 한 마리가 다정하게 사귀어 사랑스럽게 살고 있는지라 그들의 심성을 시험하기 위하여 늙은 할아버지로 변하여 숨을 헐떡거리며 찾아갔습니다.

여우와 토끼, 거북이가 물었습니다.

'어찌하여 그렇게 숨을 헐떡거리십니까?'

'배가 고파 죽을 지경이 되었다.'

이 소리를 듣고 여우는 금방 뛰어가 죽은 시체를 물어오고 거북이는 피라미를 잡아왔는데 토끼는 계수나무 한 무더기를 해 놓고 우두커니 앉아 있는지라 모두가 핀잔하며 비웃었습니다.

'너는 어찌하여 아무것도 가져 오지 않느냐?'

'나는 나이가 들어 죽게 되었으니 이 몸을 사루어 공양코자 합니다.'

하고 계수나무에 불을 붙이고 턱을 괴고 앉아 있었으므로 하느님께서 그 모습을 달 속에 넣어 옥토끼가 방아 찧는 모습이 나타나게 되었다는 것입니다."

사람들은 이렇게 여러 가지 전설을 주고받으며 화기애애하게 세미나를 발표하고 있었다.

다음은 지구의 자기와 용암에 대하여 발표하였다.

알타이 대학 세미나 03

자기(磁氣) 속에서 용암이 흐른다

"지구는 태양계의 하나로서 수성, 금성, 지구, 화성(內群) 과 목성, 토성, 천왕성, 해왕성, 명왕성(外群)과 함께 9성의 한 부분입니다.

지구는 외곽의 지각과 중간층(맨틀, 중심축, 핵 : 코어)으 로 구성되어 있습니다.

물질별로 보면 물(해수), 모래, 자갈, 진흙, 편암, 석회암, 백운암, 화강암, 현무암, 규암, 대리석, 반려암, 감람석 등으 로 이루어졌습니다.

안에는 지진파가 활동하고 있어 매우 복잡하게 살아 움직 이고 있습니다.

아이작 뉴튼은

'지구는 만유인력의 법칙에 의해서 자전과 공전을 거듭하고 있다.'

하였습니다. 지구는 남북 간에 자기(磁氣 : S,N)가 있어 오로라 현상이 나타나고 때로는 화산 폭발과 용암이 흘러내리기도 합니다. 그러므로 땅 속으로 들어갈수록 온도가 높아집니다. 지열의 근원은 방사성 원소의 붕괴로 인하여 시작되었다 합니다.

물론 태양의 복사열, 대기의 방출열, 에미시비티(Emissivity)에서 연유된 것이 근본이지만 지구 지각 중에 자연 방사성 원인인 우라늄과 토륨, 칼륨 등의 작용이 큰 원인이 된다고 분석하고 있습니다.

그러면 지각 변동은 어떻게 하여 일어나는 것입니까?

암석은 풍화 작용으로 인하여 각력(角礫), 모래, 토양 등으로 변합니다.

대륙 내부의 사막 같은 데에서는 주, 야간의 온도 차이가 40℃에서 72℃까지 나기 때문에 거기서 수축 팽창이 이루어져 암석이 파괴되어 토양이 되었다가 또 여러 가지 식물의 작용으로 갖가지 풍화 작용이 일어나 기기묘묘한 산천 경계를 형성합니다.

뿐만 아니라 지열의 팽창으로 화산 작용이 나타나 용암이 흘러내리면서 암석 속에 들어있는 여러 가지 물질들을 용해, 응고시킴으로써 갖가지 색과 모양의 산천경계가 나타나고 있습니다.

이렇게 풍화 작용으로 파생된 암석들이 공기, 물 등에 박테리아를 서식하게 함으로써 식물의 포자가 발생하여 갖가지 식물의 모양이 나타납니다.

그러니까 이 지구의 모든 토양은 기후의 영향을 받아 생기는 것입니다. 습기가 많은 지역, 건조 지역을 따라 식물의 양상이 달라집니다.

그러므로 지질학자들은 그들 지질을 조사하여 토양을 변화시켜 갖가지 농사를 짓게 합니다.

지구의 지층(地層)은 퇴적작용에 의하여 형성되는데 산(山)으로부터 맥(脈), 악(岳), 봉(峰), 구(丘), 릉(陵) 등 평야가 형성됩니다.

비틀린 지층이 하천의 침식 작용에 의하여 좁은 골짜기로부터 넓은 하천으로 점점 퇴적되어 갑니다.

V자 형의 협곡은 유년기에는 하각작용으로 깊게 형성되지만 차차 퇴적물이 운반되면서 넓은 하천이 되어 돌멩이 천지가 됩니다.

희뜩희뜩한 것은 이암층이고 검은 빛을 나타내는 것은 사암층이 되는데 한 장 한 장 단층경계가 생겨 여러 층의 단면이 나타납니다.

석탄층은 부분적으로 하나의 석고 군상을 이루고 있고 석고 사구는 모래 위의 물이 말라가면서 모래더미를 형성하는데 마치 그 사상(沙像)이 꽃과 같이 아름답습니다.

사람들은 이것을 모양을 따라 연화동, 말동(馬洞), 맑은 물, 계울, 진주(晉州), 사천(沙川), 반월, 송내, 대구, 청량, 도계 등 여러 가지 이름을 붙여 부르게 하고 있습니다.

육지가 중심이 되는 것도 있고 하천이 중심이 되는 곳도 있으며 호수와 바람, 빙하, 바다가 중심이 되어 이루어지는 곳도 있습니다.

그러므로 지각의 변동이야말로 각양각색입니다. 높이 올라가서 보면 하나의 운해(雲海)처럼 보이던 것이 유년, 장년, 노년을 겪으면서 상어시대의 카이브층, 스테고 시대의 코코니층, 바퀴벌레가 살던 허미트층, 소철이 성하던 수페이층, 조개가 서식한 여드윈층, 삼엽충이 살던 캄브리아기 층이 다양하게 형성됩니다. 미국의 그랜드캐년이 그렇게 하여 만들어진 것입니다.

물론 이것은 내적인 지질 작용과 외적인 풍화 작용을 거듭 하면서 이루어지는 것인데 지금도 홍수기 때의 산사태가 나타나 갖가지로 지형을 변경시키기도 하고 달리는 경사와 구부러진 습곡(褶谷), 구불구불한 묘곡(描曲)이 단층을 형성하여 파쇄대(破碎帶)를 이루어 표면을 나타내기도 하는데 모두가 이는 세월 따라 공간이 달리 나타나게 된 것이지요.

특히 화산 활동은 마그마와 용암 활동으로 동인도 크라카타우 하와이 마우나, 사하라 중심의 다시서 고원처럼 사막(砂礫)의 괴암을 만들어내고 있습니다.

그들 괴암은 일본의 현무암, 암산암, 석영암, 조면암처럼 다양한 모습을 보이고 있으며 때로는 화산탄(火山炭)이 지면과 충돌하면서 용암봉(熔岩鋒)을 나타내기도 합니다.

빙하기에는 얼음 덩어리였던 지구 덩어리가 차차 햇빛을 받으면서 빙하(氷下)를 형성하며 세계는 온통 바다와 육지로 갈라집니다.

물의 흐름을 따라 달라진 지형은 장차 국토의 경계가 되기도 하고 그 속에 사는 생물의 군상을 따라 퇴적, 침식, 평야를 이루기도 하고 삼각주, 하천, 제방, 습지가 형성되기도 합니다.

물은 수질을 따라 짠물(鹹水)과 담수(淡水)로 나누기도 하는데 거기서 자라는 생물들을 따라 갖가지 특산지가 만들어지기도 합니다.

지각에 의한 것도 있고 화산 작용, 사태, 빙하작용, 용식, 하식, 풍화작용에 의한 것도 있고 호수의 퇴적물에 의존하다가 핀란드의 호수 지역처럼 아름다운 경치를 만들기도 합니다.

날씨가 건조한 지역에서는 사막을 이룹니다.

나일강, 인더스강, 콜로라도강과 같은 하천은 사막을 지나 바다로 유입되지만 건조지대의 하망(河網)과 하계(河系)는 그 자리에서 없어지거나 바람의 운반에 이루어진 모래 자갈산을 형성하기도 합니다.

유고슬라비아 카르스트형 지형은 프랑스 코스, 에스파니아 안달루시아, 그리스의 유카탄, 자메이카 북부 푸에르토리코, 쿠바, 미국의 플로리다 등 몇 백㎞나 되는 장관을 이루고 있는데 모두 석회암, 돌소금, 석고 등이 용해되지 않고 응적

된 모습입니다.

특히 지반 운동에 의한 낮아진 석회 동굴이 종유석, 석순을 이루어 세계적 관광지로 발달한 곳도 있는가 하면 해안의 갖가지 지형 또한 절묘한 경치를 이루고 있습니다.

모두 이것은 해안의 침식과 퇴적 작용에 의해 이루어진 것입니다.

열대 지방의 산호초는 고기와 물의 놀이터로 응용되고 있으며 우리나라의 무등산, 개마고원, 한라산의 백록담 같은 곳은 산골짝으로서 지상 선경을 이루고 있습니다.

지각을 이루는 물질은 석영, 장석, 금모, 쟈데이트(輝石) 등이 보석용으로 쓰이고 있으며 그 중에는 금속원료가 섞이어 비료, 핵 연료 등 내화 외식용 재료들로 사용되고 있습니다.

이들의 탐사를 위해서 지하자원이 개발되고 있으며 거기서 석유, 천연가스 등이 발견되어 연료로 사용되고 있습니다."

알타이 대학 세미나 04

대기(大氣)의 변화

"지구의 둘레에는 매우 빠른 속도로 움직이고 있는 대기가 있습니다.

지구를 벗어나지 못하는 까닭은 지구에 무거운 힘(重力)이 있기 때문입니다. 이것이 기압입니다.

기압은 대기의 운동에 의해서 시시각각으로 변해 갑니다.

1643년 이탈리아 토리첼리에 의해서 1m 정도의 수은주가 76㎝ 가량 내려와서 정지된다는 것을 처음 발견하여 지금까지도 그의 수은주가 기압계로 사용되고 있습니다.

대기의 성분은 질소, 산소, 아르곤, 탄산가스, 네온, 헬륨, 메탄, 크립톤, 이산화질소, 크세논, 수소, 수증기의 성분을 따라 체적비와 중량비가 달라지므로 이것을 통해서 온도와

중력을 재는 보정기가 나왔습니다.

그후 공기의 건조와 습윤을 따라 기상이 달라진다는 것을 1959년 이후 기상위성으로 측정하게 되어 지금은 기상 사진, 적외선, 허리케인, 구름, 온도, 수증기, 오존층까지 측정하는 위성이 나타나게 되었습니다.

그러므로 이같은 사실을 통계학만 가지고 점친다는 것은 쉬운 일이 아닌데 얼음공주가 이런 일을 점쳐 세상을 복되게 하였다는 것은 실로 놀라운 일입니다.

실은 점이란 세상의 길흉화복(吉凶禍福)과 흥망성쇠(興亡盛衰)를 점쳐 흉화(凶禍)를 면하고 망쇠(亡衰)를 없애는 것인데 그 가운데서 사람들은 재주를 부려 사람을 속이고 가정을 불행하게 만드는 경우가 많은데 얼음공주는 오직 길복(吉福)과 흥성(興盛)만을 위해 노력하였고 자연을 보호하고 세계 인류의 복음을 위해 그 기능을 다하였다는 것은 크게 칭찬할 일입니다.

그 얼굴을 보십시오.

한 곳도 일그러지고 모난 데가 없습니다.

그리고 그 얼음보다도 맑고 깨끗한 윤리 도덕적인 사고방식 속에는 삿된 기운이란 한 방울도 찾아보기 힘듭니다.

참으로 아름답고 착하고 진실한 사람입니다."

다음은 바다에 대하여 연구한 해양학자가 발표하였습니다.

"그런데 요즈음은 1927년 몰트차노프가 고안한 라디오존

데와 로켓을 통해 대기를 탐구하다가 최근에는 인공위성을 이용하여 지상 200㎞ 공기까지도 측정하게 되어 대기권, 성층권, 중간권까지도 측정할 수 있는 기계가 나왔으므로 아나운서들의 일기정보가 나타나고 있습니다.

만약 이것이 전자기권을 통해 음을 들을 수 있는 곳과 들을 수 없는 곳까지 나아간다면 대기의 구조까지도 알아내 대기를 조정할 수 있는 시기가 오지 않을까 생각합니다.

이와 같이 대기를 둘러싸고 있는 공기 때문에 때로는 거울과 같이 고요한 바다가 되었다가 때로는 사나운 태풍이 부는데 이것은 북쪽의 찬 기운과 남쪽의 더운 기운이 부딪치면서 나타난 현상입니다.

기상학에서 바람은 불어오는 방향을 따라 그 방향과 속도를 측정합니다. 바람은 지구의 자전을 따라 그 속도가 달라집니다.

요즘은 프로펠러형 풍속계로 저기압과 고기압을 재고 있는데 이것을 래윤의 관측법이라 합니다.

지구상에서 가장 무서운 바람은 눈보라가 휘몰아치는 겨울철의 북서풍인데 이것을 서양에서는 '토네이도(電雨)'라 부릅니다.

토네이도의 발생은 제트류의 공기 흐름에 의해 나타나는데 주로 태평양 상공에서 나타납니다. 전진하는 한랭전선이 거대한 적란운을 만들면 잠깐 동안 격렬한 비가 내리며 차고 더운 기운을 밀어 올리면 따뜻한 기운이 미처 오르지 못하고 난류를 발생시킵니다. 이것이 적란운을 만들어 번개를 일으키므로 집안에 피뢰침을 설치하는 이유가 바로 여기 있습니다.

그 때 공기 중에서는 음전기와 양전기가 발생하여 다양한 신기루를 형성하기도 하는데 어리석은 사람은 이것을 하느님의 조화로 인식하기도 합니다.

지구에는 크게 기권(氣圈)과 수권(水圈) 암권(岩圈)이 있어 산소, 이산화탄소, 암모니아, 질소, 초산염, 탄소 등을 이동시키므로 서로 다른 성분을 이용하는 동식물이 나타나게 됩니다.

또 지구의 자전을 따라 대기의 순환이 극동풍, 편서풍, 북동무역풍, 동남무역풍, 고, 중, 적도의 고압, 저압대가 형성하여 여러 가지 구름과 다양한 색깔의 구름이 나타납니다.
말하자면 주먹처럼 뭉치는 권운,
거기 붉은 색이 나타니는 적운,
높은 하늘에 떠 있는 고층운,
높은 하늘에 떠 있으면서도 색깔이 붉게 물드는 고적운,
층층이 계단을 이루는 층운,
희미한 해 무리를 짓는 권층운,
따뜻한 난층운,
아름다운 적란운,
층층이 색깔이 달라지는 층적운,
푸른 하늘에 솜덩이처럼 흘러가는 면운,

전천후에 나타나는 아침저녁의 노을,

모두 이것은 구름입자와 빗방울 사이에 응결된 핵에 의해서 나타나는 것입니다.

하나의 물방울이 눈, 얼음, 비가 되면서 나타난 모습은 어떠한 예술로도 표현할 수가 없습니다.

그런데 이런 도리를 모르는 사람들은 모두가 신의 조화로 보고 찬탄합니다. 모르면 미신이요, 우상입니다.

기상관측은 바로 이상의 모든 것을 종합하여 이루어지는데 매일 매일의 변화상을 예측하여 발표하는 것이 일기예보입니다.

모두 이것은 현지기압과 해면, 기압변화, 기온관측, 바람의 방향과 풍속, 압력 등을 종합하여 분석하기 때문에 때로는 맞지 않을 수도 있습니다.

습도와 노점온도가 불쾌지수를 형성할 수도 있고 구름의 응결핵이 공기의 열 변화를 일으킬 수도 있기 때문입니다.

같은 안개도 엷게 되면 박무가 되고, 연기처럼 나타나면 연무, 수증기처럼 흐르면 증기류, 이슬, 서리, 얼음과 부딪치면 싸락눈, 우박, 적설, 홍진, 상주(霜柱), 뇌우, 황사로 나타나고 대기의 특징은 햇무리, 채운, 무지개, 일광한(日光寒), 토네이도, 놀 등 그 수를 헤아릴 수 없을 정도로 천차만별의 변화를 내기 때문입니다.

실로 눈의 결정을 보면 각주상(角柱狀), 수지상(樹枝狀), 침상(針狀), 성상(星狀), 각단상(角柤狀), 선상(扇狀), 복잡다단한 현상을 보이기 때문에 자연의 변화를 무슨 말로 표현하기란 실로 어려운 것입니다.

그래서 이것을 모두 신의 조화로 규정짓고 맹신(盲信)하고 있는 것입니다.

그래서 기후 학자들은 세계의 기후 분포를 열대, 온대, 한대로 나누고 그것을 다시

① 적도기단 기후대
② 적도 계절풍 기후대
③ 열대 기단 기후대
④ 아열대 기후대
⑤ 중위도 기단 기후대
⑥ 아주 기후대
⑦ 극기단 기후대

등으로 분류하고 세밀히 관찰하고 있으며
단, 해양성 기후와 대륙성 기후
습윤 기후와 건조기후
계절풍 기후와 편서풍 기후
평지기후와 산지기후
동양기후와 서양기후 등으로 나누어 분석하고 있습니다.

그 가운데서도 한국의 기후는 온대성 기후에 북서 계절풍, 남동 계절풍이 불어 대륙성 기후의 영향으로 보통 3한 4온을 형성하고 있으나 각 지역을 따라 다소 차이가 있다고 보고 있는 것입니다."

알타이 대학 세미나 05

신비한 바다

"바다는 모든 생명의 젖줄입니다. 바다가 없이는 육지 또한 존재할 수 없기 때문입니다.

물 없는 사막은 있지만 메마른 골짜기에 무슨 풀과 나무가 자랄 수 있겠습니까?

바다는 전체 지구의 3분의 2를 차지합니다. 너무 깊고 넓기 때문에 기계가 없이는 상상도 하기 어려웠습니다. 그러나 근래에 와서 해양물리학, 해양화학, 해양생물학, 해양지질학, 해양기상학의 발달로 태평양 연안에 있는 깊이 11034m의 해구(海溝), 해연(海淵)까지도 찾아냈습니다.

바다 속은 크게 네 가지로 나눕니다.

① 수심 200m까지를 대륙붕(전체의 7%)

② 다음에 이어져 있는 급경사를 대륙사면(11%)

③ 수심 6000m까지를 심해저(79%)

④ 그 밑 6000m까지를 해구(3%)라 합니다.

여기에는 각기 다른 수온을 가지고 있어 살아있는 생물도 다양합니다.

그러면 그 해수는 어디서 생기는 것일까요? 지구상에 존재하는 모든 염류, 즉

① 염화소다

② 염화 마그네슘

③ 황산 마그네슘

④ 황산 칼슘

⑤ 황산 칼륨

⑥ 탄산칼륨

⑦ 브롬 마그네슘

으로 이루어져 있고 그 속에 들어있는 가스는 산소, 질소, 탄산가스 등이 존재합니다.

해수의 원래 색깔은 무색투명한 것이지만 물의 깊이가 깊어질수록 청색으로 보입니다.

그러나 지역에 따라 색깔이 달리 나타나기 때문에 홍해, 황해, 흑해 등의 명칭이 생기게 된 것입니다. 또 이것은 부유생물의 종류에 따라 황갈색, 황녹색 등으로 변하다가 마침내는 적조현상이 나타나기도 합니다.

바다 속에서는 전파가 잘 전달되지 않는 반면에 소리가 멀리까지 들리므로 소나 같은 기구를 통해 음향을 탐지하며 해양생물은 물론 적들을 발견하기도 합니다.

바다는 움직입니다. 바람에 의해 파도가 일어나고 파랑(波浪), 지진이 일어나면 해일(海溢), 폭풍이 일어납니다.

해와 달의 기조(起潮)에 의해서 일어나는 것을 조류라 하는데 보통 하루에 두 번 조석 간만의 차이가 생깁니다.

대개 물은 해류의 수평 방향을 따라 흐르는데 차고 더운 물이 있으며 난류와 한류로 나눕니다.

해양은 아이슬란드처럼 복잡한 해안선에 활화산에 의한 온천이 많은 곳도 있고 태평양의 해저 섬처럼 산호초(거초, 보초, 활초, 탁초)가 많은 곳도 있습니다.

바다 속에도 평지와 평원산지가 있습니다. 평지는 주변부, 평원은 해산, 열도, 도서라 하고 해산을 산악 열곡이라 부릅니다.

해양의 퇴적물 가운데는 표력, 왕자갈, 잔자갈, 왕모래, 뻘, 점토 등이 있어 거기에 알맞은 다양한 식물들이 살고 있습니다. 이는 바다의 수한(壽限)을 찾아내는 데 좋은 자료가 되고 있습니다.

석회질, 탄산염, 규산질 등이 나타나는데 모두 이는 해양 관측선에 의해 발견되고 있습니다. 그래서 요즘 해저 주택이

지어지고 유전이 탐사되고 모래, 자갈, 티탄, 지르콘, 다이아몬드, 주석, 모너자이트, 철, 유기적 자원, 석유, 가스, 유황 등을 캐내고 있습니다.

바다에서 얻은 물질은 산소, 수소, 염소, 나트륨, 마그네슘, 유황, 칼슘, 칼륨, 브름, 탄소, 스트론튬, 붕소, 규소, 불소, 아르곤, 질소, 라듐, 루비듐, 인, 요드, 바륨, 아연, 철, 알루미늄, 몰리브덴, 셀렌, 구리, 비소, 우라늄 등 다양한 물질들이 채취되고 있으며, 요즈음 필리핀, 프랑스, 자바, 인도네시아, 타이완 등에서 굴, 잉어, 밀크피쉬, 새우 등 다양한 식물들을 양식하고 있습니다.

지구의 생물학자들은 이 속에서 우라늄, 토륨, 루비듐, 칼륨, 탄소 등 방사성 원소와 연, 스트론튬, 아르곤, 질소 등 붕괴 생성원소 등을 측정하여 지구의 연령을 47억년 이상으로 추측하고 있습니다.

네바다 쪽에는 신생대 1억만년 전부터 12억만년 전까지의 용회암, 응회암, 화강암, 사암이 쌓여있고, 앨버트 캘리포니아 뉴저지에는 중생대 60억만년부터 195억만년 전의 석탄, 화강암, 흑운모가 쌓여 있으며, 영국 오스트리아와 테네시, 앨라바마, 오하이오, 스웨덴, 러시아 등지에는 고생대의 241억년 전부터 610억년 전의 칼륨, 흑모, 우라늄, 나이트, 녹석 등이 채취되고 있습니다.

또 생물로는 2만~2천년 전의 매머드 코끼리와 60억년 전

백악기의 공룡알과 그의 발자국이 몽골, 독일에서 발견되고 있으며 식물의 씨앗으로는 여러 가지 포자, 고산초, 은행분과 소나무 화분이 발견되고 있습니다.

과학자들은 태양계에는 맨 처음 성운상의 아주 뜨거운 가스가 있어 냉각과 회전운동을 하는 동안 수많은 작은 덩어리가 떨어져 나가 태양과 그 주위를 도는 유성, 위성이 되지 않았나 하는 추측하고 있습니다.

모두 이것은 원시 해양과 암석의 특징에서 연구된 것입니다. 그러니까 50억만년 전에는 태양계의 구성이 완성되고, 45억만년 전에는 지구의 운석이 탄생하고, 35억만년 전에는 소련 쪽에서 편마암이 발견되고, 27억년 전부터서는 생물들의 흔적이 나타나다가 19억만년 전부터서는 생물의 화석이 나타나고 있습니다.

신생대에는 거북, 나비, 악어, 호랑이, 고래, 말, 코끼리 등이 나타나고, 중생대에는 성게, 익룡, 잠자리, 해면 같은 것이 나타납니다. 유인원은 신생대 제4기에 나타나고 말입니다.

삼엽충, 완족류, 화석집합체(해삼, 해파리 등), 산호초, 조기(경골어류)를 거쳐 갑주, 연골어류인 척추동물이 나타나고, 다음에 식물이 나타나면서 동물이 상륙하며 가래와 같은 파충류가 생겨납니다.
그런데 고생대를 지나 중생대에 이르면 어룡(魚龍), 중생대에 이르면 뱀, 도마뱀, 악어 등의 양서류와 파충류가 번성하고 백악기에 이르러 공룡 같은 것이 생겨납니다.

포유류는 시조새, 피자 식물이 나타나고 기린, 꽃 등도 나타나는데 모두 이것은 화석을 통해 알게 됩니다.

특히 신생대에는 여러 가지 지각변동이 오거나 산과 물이 분명해집니다.

상어, 도마뱀, 주머니쥐, 여우원숭이, 원숭이, 고릴라, 사람 순서로 진화됩니다.

그러니까 기후도 온난으로부터 환경, 강수량, 습기, 기압, 계절, 지질을 따라 각 시대의 변화를 연구할 수 있습니다.

사실 지구는 지금 육상물질로부터 해양물질을 연구해 들어가면서 그 바닥을 드러내기 시작하였습니다.

그래도 아직 인류는 신비에 싸여 있고 지구 또한 신비에 싸여 있습니다.

이러한 신비를 어떻게 푸느냐에 따라 악마와 천사가 갈라지고 선과 악, 미신과 정신(正信)이 달라집니나.

어리석은 사람은 미신과 사신을 좋아하지만 지혜 있는 사람은 요행을 즐기지 않습니다.

얼음공주는 진실로 과학적 논리자로 윤리 도덕적인 성자였던 것 같습니다."

알타이 대학 세미나 06

인체 생리의 실상

다음은 피부과 전문의가 인체생리에 대하여 말했다.

1. 세포의 조직과 기관

"모든 생물은 대사(代謝), 성장, 번식, 적응 속에서 유기적 체제를 갖추고 있습니다.

하나의 흡수된 물질이 체내에 들어가 에너지를 형성하면 새로운 대사가 일어나 그들 생물의 구성 요소로 쓰이므로 부피와 무게가 커집니다.

오랜 세월 주위 환경을 의지하여 살다보면 그 형태와 기능이 환경과 비슷하게 변화됩니다. 이렇게 모든 생물은 시간과 공간 속에서 환경의 지배를 받아 가면서 지휘, 통제되고 협동관계를 이루어 가고 있기 때문에 다 체질과 성격이 달리 나타나고 있는 것입니다.

사실 생물만 그런 것이 아니라 촛불 같은 무생물도 산소가 화합하면 이산화탄소가 되듯 허공에 떠 있는 구름도 커졌다 작아졌다 하지 않습니까?

운동하면 호흡이 촉박해지는 원인은
① 근육대사가 촉진되고
② 세포에서 이산화탄소가 증가되고
③ 이산화탄소가 세포 밖으로 나가 혈액의 농도가 높아지고
④ 높아진 혈액이 혈관을 따라 운반되는 가운데
⑤ 그가 호흡 중추를 자극, 신경을 흥분시킴으로써
⑥ 운동의 빈도가 커져 그 같은 현상이 나타나는 것입니다.

세포는 생물체의 구성, 기능, 유전의 최소 단위가 되므로 생명의 근원으로 착각하는 경우도 있습니다.

그러나 세포도 여러 종류가 있습니다.

밖의 엷은 막을 세포막이라 하고 세포막과 핵 사이에 기질을 형성한 원형질이 있으니 세포의 기능은 대사와 분열하는 핵이 있습니다.

핵 근처에는 미세한 과립이 있는데 세포 분열의 중심체가 되므로 중심체라 부르고 생명현상에 관계없이 저장되어 있는 후형질 봉입체가 있으면서 액체 방울 상태로 저장되어 있는 공포(空胞)도 있으며 에너지 원료 물질이 집합되어 있는 미토콘드리아가 있고 인지질(燐脂質)로 구성된 무적혈, 무정자의 골기체도 있습니다.

그리고 세포의 분열은 커진 세포가 둘로 분열되어 생체의 생장을 촉진하는데 그것이 한정을 넘어 비정상적으로 커지면 이것을 암(癌)이라 합니다.

그러나 대부분의 세포는 하나하나가 모여 군(群)을 이루고 각기 다른 성품과 행위를 통하여 끼리끼리 조직하여 하나하나의 계통을 만듭니다. 말하자면 소화기 계통의 세포라면 식도, 위, 장 및 여러 가지 기관이 연결되어 소화 및 흡수를 맡는 일을 하고 있습니다.

이렇게 세포는 단층 또는 다층으로 배열되어 분화되고 각기 다른 기관의 각각 다른 기능을 하고 있습니다.

마치 농부, 목수, 법률가, 상인, 예술가가 제각기 자기 능력을 따라 자기 활동을 해 가듯이 각기 다른 신체 부분을 각기 다른 자기의 계통을 따라 조직적으로 자기 활동을 하고 있습니다. 눈은 눈대로 귀는 귀대로 위장은 위장대로 여러 분비선을 따라 소화 작용을 하고 있으면서도 흡수하는 기능을 달리 하고 있습니다.

상피 조직은 밖으로부터 어떠한 손상도 용납하지 않고 세균의 침범을 막아 심장, 폐, 혈관을 보호 하고 있습니다. 때로는 점막에서 분비물을 발산하고 때로는 여러 가지 털들을 성장시켜 다자형 모자이크를 만들어 층층이 안팎을 보호하는데 이것을 편평상피(篇平上皮), 원주상피(圓柱上皮), 섬모상피(纖毛上皮), 입방상피(立方上皮), 중층상피(衆層上皮), 내피(內皮)라 부릅니다.

또 안으로 횡문근(橫紋筋)과 평활근(平滑筋) 심근(心筋)처럼 뼈, 관백(管魄) 심장 등을 보호하는 근육이 있고 외부 환경과 개체적 연관을 가지고 자극을 받아들이는 신경 조직도 있습니다.

지방 조직과 연골은 에너지의 발생원으로 몸 밖으로 나타나는 기계적인 압박이나 충격을 완화시키고 체내의 열을 발생시키고 인체의 형태를 유지하게 하는 작용도 합니다.

인체는 이와 같이 여러 종류의 조직이 모여서 특별한 기능을 나타냅니다. 소화기에는 입, 식도, 위, 장이 있고

순환기에는 심장, 동맥, 정맥, 모세혈관, 임파관

골격계에는 골격이 있으며

호흡기에는 코의 인후, 폐, 늑막, 횡경막, 늑간근 등이 있고

배설계에는 콩팥, 요관, 방광, 요도가 있고

생식계에는 난소, 고환, 부생식기

신경계에는 뇌와 척수, 감각기

근육계에는 근(筋),

외피계에는 피부

내분비계에는 내분비선

기관계에는 여러 가지 기관이 있습니다.

모두 이들은 앞서 설명한 상피, 근, 신경, 혈액, 생식, 뼈, 연골, 일반 결합계의 조직과 연관이 있습니다."

다음은 골격 담당 의사가 말했다.

2. 물질의 이동과 골격

"물질의 이동은 세포막을 통해 확산(擴散) 침투(浸透) 여과(濾過) 작용을 합니다. 능동적으로는 세포막을 통해 능동적인 반응을 일으켜 높은 데서 낮은 데로 낮은 데서 높은 곳으로 운반하고 유세포작용(類細胞作用)을 통해 토해내거나 흡입 작용을 합니다.

몸 안에는 세포 내액이 체중의 40%를 차지하고 있는데 그 속에는 수백 종의 유기 물질이 들어 있습니다.

포도당은 에너지원으로 당원질과 함께 저장되어 있고 지질(脂質)로서는 중성지방 인지질이 있으며 다량의 아미노산과 영양물질을 산화하는 산소가 있습니다. 또 세포 밖에 체중의 20%를 차지하는 액이 있어 세포막을 통해 항상 물질을 교류합니다.

지방량은 세포 속에 들어 있는 것이 월등히 많습니다. 이는 세포막과 세포속의 봉입체(封入體)가 됩니다.

산소는 외액에 많고 이산화탄소는 내액에 많습니다. 이 두 가지 작용 때문에 세포 내 외액이 이동되고 있습니다.

세포 외액에는 간질액과 혈액이 있는데 간질액은 여러 가지 조직을 관장하는 액이고 혈액은 체액을 구분하는 일을 합니다. 이 두 액은 혈관벽에 의해 구분되고 있으나 이 두 계통이 모세혈관에서 서로 연결되어 세포 외액에서 항등성을 이루고 있습니다.

모세혈관은 단층으로 된 얇은 세포가 연결하여 만들어진 막을 갖는 가느다란 관이며 전신의 모든 조직 안에 세밀한 그물을 이루고 있습니다. 모세혈관 막에는 작은 구멍이 있어서 액체(血醬)를 흡입합니다.

모세혈관과 조직 사이에 네 가지 힘이 있는데

첫째, 혈압의 압력으로 혈액을 여과시키는 작용을 하고

둘째, 모세 혈관 밖에 있는 액체를 모세혈관 안으로 빨아들이는 작용을 하며

셋째, 세포 사이에 조직액을 일정하게 유지하게 하고

넷째, 정맥과 동맥의 압력을 조절하고 있습니다.

이와 같이 세포 외액이 10분 내지 30분 이내에 돌면서 조화를 이루어 신체 내의 동작을 유지하고 있으며 소화기관에서 흡수된 영양 물질이나 내분비선에서 생산된 호르몬, 폐에서 섭취된 산소가 각 세포에서 단 시간 안에 전신에 고르게 운반하고 배설물을 폐, 콩팥으로 운반하고 있는 것입니다.

사람의 골격은 뼈와 연골이 결합하여 골격을 이루고 인체 형태 및 운동의 주축과 지주 역할을 하고 있으며 209개의 뼈가 대소, 형태를 따라 사람 모양을 만들어 내고 있습니다.

따라서 골격은

첫째, 부드러운 신체를 지탱하는 기둥(支柱)이 되고

둘째, 장기를 보호하는 울타리가 되고

셋째, 근육의 의지처가 되고

넷째, 혈구(血球)를 생산하고

다섯째, 광물질을 저장했다가 공급하는 기능을 합니다.

말하자면 두개골은 뇌를 보호하고 흉곽은 심장, 폐 내부기관을 보호하고 팔다리는 근육을 부착시키고 보행과 굴신작용을 하고 흉골(胸骨)과 늑골은 혈구를 생산합니다.

특히 여성은 태아의 칼슘과 인(燐)을 공급하고 마그네슘, 유, 무기질과 불소, 나트륨, 철 등이 모두 뼈에서 산출됩니다.

뼈에는 해면질(海綿質)과 치밀질이 있는데, 해면질은 내부 구성질로서 부서지기 쉬우며 혈관이 많고, 치밀질은 뼈의 외부를 구성하는 것으로 상왕골 같은 장골 골간(骨幹)의 원료가 되고, 골간은 해면질로 되어 있습니다.

골수는 혈관, 지방세포, 혈구를 구성하는 세포로 되어 있습니다. 치밀질의 중앙부에는 둥근 기둥처럼 긴 동공이 있고 골수가 들어 있습니다. 골수강벽의 내벽은 골내막으로 덮여 있고 뼈 외면에는 골막이 있는 이중막이 있습니다. 이 속에는 혈관, 신경 및 뼈를 생산하는 세포가 들어 있습니다.

뼈는 임신 3개월부터 초자연골(硝子軟骨) 섬유질 막으로 이루어지다가 배아 발육을 따라 골 조직이 완성 되는데 보통 25년이 걸립니다. 만약 골절이 생기면 국소적으로 골화(骨化)가 활발하게 되고 골조직으로 보충 수리하게 됩니다.

연골은 연골 기질과 연골세포로 되어 있습니다. 연골기질은 아교 모양으로 성숙하다가 마침내 차차 석회화하여 굳어집니다. 골조직은 70%가 광물질을 조직하지만 그 속에 들어 있는 골세포는 거의 일생 동안 죽지 않습니다.

뼈가 변화할 때는 골간(骨幹) 중앙부에서부터 시작하여 양 골 안으로 진전되어 이것이 완성되면 골 안에 얇은 층을 이루는 골간 연골이 남게 됩니다. 이 연골이 분열을 계속하여 동시에 골화가 진행되는데 그 결과로 뼈의 길이가 자기 방향으로 성장합니다.

관절은 두 개 이상 뼈대가 연결되어 만들어지고 두개골은 뼈와 뼈 사이가 밀접하게 연결되어 움직이지 않게 되어 있습니다.

고관절은 넓은 운동을 할 수 있고 경첩관절은 한쪽만 할 수 있으며 첨축관절은 한쪽 뼈가 다른 쪽 뼈의 둥근 고리 위에서 회전할 수 있게 되어 있습니다.

척추는 한 치주골이 다른 척추골위의 한 평선에서 미끄러지는 운동을 할 수 있는 것처럼 환절관절이 있으며 관절의 한쪽선이 타원형의 오른쪽 모양을 하고 있기 때문에 팔목에서 보는 바와 같이 두 개의 면에서 운동을 할 수 있습니다.

이것을 각형관절(角形關節)이라 부릅니다.

근육 끝에는 질긴 건(腱)이 뼈에 붙어 있는데 이것이 인대입니다. 한 쪽은 근섬유에 붙어 있고 한 쪽은 골막에 붙어 있습니다.

돌이켜 보면 근육의 수축점은 힘이고 건의 부착점은 역점(力點)이며 관절은 지렛목, 뼈는 지렛대가 되어 무거운 짐을 움직이고 있는 것입니다. 어쩌다가 다른 조직의 감염으로 뼈가 상하거나 외상을 입으면 치아, 폐렴, 장티푸스처럼 감염

되어 골수염을 일으킬 염려가 있으므로 아무리 단단한 뼈를 가졌다 하더라도 주의하지 않으면 안됩니다.”

3. 골격근과 신경

다음은 신경과 의사가 말했다.

“신체의 운동은 근육이 수축하는 힘에 의해서 이루어집니다. 근세포가 자극되면 근세포막을 따라서 흥분파가 전도 되고 그 결과 근세포 내에 화학 변화가 일어나 근섬유가 수축하게 됩니다.

골격근은 인체의 40%를 차지하는데 대부분 섬유질로 형성되어 있습니다. 연축(軟縮)과 강축(强縮)을 통해 잠복, 수축, 이완되었다가 회복하는 것을 반복하는데 근의 수축에 따라 당원질, 산소, 유기인 화합물은 감소하고 젖산, 이산화탄소, 무기인 화합물은 증가합니다.

이로써 보면 근육의 이완, 수축 작용에서 많은 에너지가 산출되어 근육이 비대해지고 호흡이 증가합니다.

따라서 순환기의 변동이 생겨 심장 박동수가 불어나 혈압, 체온이 상승하며 소변에 산성이 증가됩니다.

그 원인은 운동 중 생긴 젖산, 탄산, 기타 산성 물질에 의한 혈액의 산성 경향을 없애는 콩팥 조절작용이 일어나기 때문입니다.

그런데 이와 같이 다세포 동물의 활동이 잘 통제되고 조절되는 것은 사실 신경계의 기능에 의해서 나타납니다. 동물의 발생계 안에서 하등한 것으로부터 고등한 것에 이르기까지 신경계가 발달되어 있습니다.

사실 모든 생물은 신경계의 변화에 따라 신체 내, 외부환경을 감지할 수 있습니다. 감수체는 피부와 귓속, 눈 망막에 있습니다. 대부분 이들은 광파(光波) 음파(音波)에 의하여 신경 흥분이 일어나고 이 전기적 화학적 변동은 신경 세포를 따라 전파되어 중추 신경계(뇌, 척수)에 전달됩니다.

그러면 중추 신경은 즉시 그에 반응을 일으켜 오랫동안 그 기능을 가지고 있다가 어떤 사건이 생기면 그것과 비교 분석하여 말초 신경에 전달함으로써 온갖 반응을 일으킵니다. 신경은 태생기부터 외배엽(外胚葉) 세포층에서 발생, 상피 조직과 신경조직을 만들고 신경판이 이루어지면 신경구(神經溝)가 생기면서 신경습(神經褶)이 생깁니다.

거기서 관이 생겨 전신으로 뻗어 나가는데 거기서 아교와 같은 세포가 생겨 같은 세포들끼리 의지하여 앞부분은 뇌가 되고 뒷부분은 척수가 됩니다.

전신경계의 기능은 중추신경이 담당하고 위 내장, 선(線)의 분비물은 자율신경의 지배를 받으며 외부로부터 자극을 받는 것은 말초 신경이 담당합니다.

12선의 운동 감각은 뇌신경이 담당하고 후각과 미각, 시각, 청각 등의 특수신경은 피부 감각 등이 담당하고 있습니다.

신경세포는 모든 신경조직을 구성하는 기본이 되므로 신

경원(神經元)이라 합니다. 신경세포는 세포체와 하나 또는 그 이상의 수상돌기(樹狀突起) 축색돌기(軸索突起) 세 부분으로 구성되어 있습니다.

감각신경은 원형이고 뇌피질은 다이아몬드와 같이 생겼고 운동신경은 별 모양입니다.

신경의 구조는 축색돌기, 신경섬유 등 그 기능에 따라 구조가 다릅니다. 마치 전기가 전압을 흐르듯 서로 다른 신경들을 자극시켜 뇌 활동을 일으키고 있기 때문입니다.

중추 신경은 척추와 뇌를 말합니다.

말초신경으로부터 들어오는 신체내부의 모든 변동에 관한 정보를 받아들여 이것을 정리, 분석, 통합한 후 어떠한 결정을 내려 다시 말초 신경을 통해 신체 각부에 전달하여 적절한 행동을 할 수 있게 됩니다.

척추는 척추골이 이루는 척추가 안에 들어 있고 척수는 두개골 위아래 대공에서 시작하여 제1, 제2 요추골 사이에 있는 추간원반의 높이에까지만 있고 그 아래 천추(遷推) 및 미추(尾椎)에서 시작하여 아래로 내려가는 척추신경을 만들고 있습니다.

외부의 어떠한 경우라도 척수는 손상을 입지 않도록 단단한 추골과 경막(硬膜) 지주막 뇌막이 단단히 보호하고 영양을 보충합니다.

그리고 척추 신경들이 좌우로 뻗어 신체 내부의 반사작용을 할 뿐 아니라 또 골격근에는 길항근이 상반 작용을 하여 관절의 굴곡운동을 돕고 있고 뇌에서는 대뇌, 중뇌, 소뇌, 간뇌가 있어 운동, 감각작용을 통제하고 그를 종합해서 자율적으로 움직일 수 있도록 합니다.

말하자면 후신경(후각), 시신경(시각), 동안신경(안구운동), 활차신경, 3차신경(얼굴, 눈, 코, 이, 잇몸, 혀, 하악근 운동), 외선신경, 안면신경(얼굴, 머리, 귀, 목, 타액선 분비운동), 청신경(청각, 평행), 근기신경(구강, 편도선, 인두, 온도의 감각과 타액선 분비), 미주 신경(혼합 : 인두, 후두, 흉부, 복부, 내장감각, 심장활동, 기관지, 위, 췌장, 담낭, 소장, 대장운동), 부신경(목근, 후두근 운동), 혀밑신경(혀근운동)이 있어 자율신경과 다른 사이의 화학적 반응을 감지합니다.

뇌파는 피부 위에 여러 개의 전극을 대고 두 전극 사이의 전위차(電位差)로 시간적 변동을 따라 바로 움직이고 있는지 정현파(正弦波), 파고의 높이가 어느 정도 되는지 알아내는 알파파(α wave), 베타파(β wave)를 측정하는 것인데 여기서 깨어 있을 때와 수면상태의 조건 반사를 알아낼 수 있습니다."

다음은 이비인후과 전문의가 말했다.

4. 시각과 청각, 미각

"보는 것은 눈, 듣는 것은 귀, 맛보는 것은 입입니다.

눈은 일곱 개의 두개골이 합쳐서 생긴 안와 속에 안구가 박혀 있는데 눈물을 분비하는 누선(淚腺)혈관, 신경, 지방조직 등으로 구성되어 있습니다. 밖으로 보호하는 눈썹은 위에서 떨어지는 것을 감지하고, 눈을 뜨고 감게 하는 안검근(眼瞼筋)도 있습니다. 안검의 내면에는 결막(結膜)이 있고 분비물을 씻어내는 누관(淚管)이 코 쪽에 있습니다.

안구는 약 24㎜나 되는 둥근 공처럼 생겼는데 이 부위를 각막(角膜)이라 하는데 맑고 깨끗한 투명체입니다. 안구 벽은 섬유성의 공막(鞏膜), 중간 맥락막(脈絡膜), 안쪽의 망막(網膜)으로 구성되어 있습니다.

공막은 외계에서 들어오는 기계적 자극에 대하여 감수성이 높고, 혈관이 발달한 맥락막은 조직에 영양물을 제공합니다. 진한 자주색으로 눈 안으로 들어오는 광선을 받아 벽에서의 반사를 받아 선명한 상이 나타나도록 합니다.

색소 과립을 가진 세포가 있기 때문에 청, 황, 적, 백, 흑색을 전면의 방사상과 후면의 윤상(輪狀)을 따라 마음대로 확대 수축해 봅니다.

망막은 주로 신경세포로 이루어졌는데 안구의 내면을 덮고 있습니다. 두 개가 있는데 하나는 맥락막 모세혈관이고 다른 하나는 안구의 뒤에서 망막에 가지를 치면서 분포하는 망막 중심동맥입니다.

망막을 구성하는 신경세포에는 신경 흥분을 시작하는 막대세포와 원뿔세포가 있고 이 두 가지 세포를 축색 시납하는 양극 세포가 있습니다.

그런데 모든 척추 동물에는 이같은 색상을 반전하는 반전 망막도 가지고 있습니다.

막대세포와 원뿔세포는 빛을 감지하는 성질을 가지고 있는데 눈 하나에 약 1억만 개의 막대세포를 가지고 있다고 합니다.

원뿔 세포는 끝부분이 원뿔처럼 되어 있기 때문에 광선에 반응하는 물질이 들어 있습니다.

망막 세포는 광선자극에 대한 문턱이 얕아서 어두운 곳의 시각에 관여하고 광선의 색에 대한 구별을 잘 하지 못하는데, 반대로 원뿔세포는 문턱이 높아서 밝은 환경에서도 시각의 색에 대한 감각이 민감합니다.

망막 뒤에는 정밀한 시각과 색 감각을 가진 황반(黃斑)이 있고 그 위에 바로 렌즈가 있어 모양을 고정시키는 인대(靭帶)가 됩니다.

시각의 구성 요소는 광선감각, 형태, 색, 원근, 간격 등 여러 요소가 있어 망막 위의 모양을 결정합니다.

안구의 초점이 정상적으로 일어나면 정상시(正眼視)라 하고, 안구의 길이가 짧아서 상이 망막 뒤에 맺혀지게 되면 원시(遠視)라 하고, 반대로 가까이 맺혀지면 근시(近視)가 됩니다.

그리고 반곡도(盤曲度)가 눈의 경도에 따라 다르면 상이 부분적으로 흐리게 보이므로 이것을 난시(亂視)라 부릅니다.

모든 렌즈와 복합 렌즈로써 교정하고 있습니다. 렌즈가 불투명하면 백내장이 됩니다.

귀는 음파를 전환시키는 기관으로 흥분이 중추에 전달되면 청각을 일으킵니다. 귀의 구조는 크게 밖의 귀, 중간귀, 속귀로 되어 있습니다.

머리의 측두부에 붙어 있는 귀는 이개(耳介)의 연골에 피부가 둘러싼 구조를 가지고 소리를 귓속으로 인도하는 구실을 합니다.

외청도는 외부로부터 고막에 이르는 길이가 2.5㎝나 되는 관으로 S자 모양으로 구부려져 있기 때문에 특수한 기구가 없이는 밖에서 보기가 어렵습니다.

외청도의 내면은 피부로 덮여 있고 거기 피지선(皮脂腺)이 덮여 있어 여기서 분비된 피지와 상피가 떨어져 귀지가 됩니다. 이 피지선과 외청도 속에는 가느다란 털들로 꽉 차 있는데 밖으로부터 이상한 물질이 들어오는 것을 막기 위한 것입니다.

밖의 귀, 중간 귀의 경계를 이루는 고막은 밖의 피부이고 속은 점막으로 되어 중앙부가 약간 함몰한 타원형입니다. 긴 곳은 약 10㎜, 짧은 곳은 8㎜ 정도 됩니다. 상부가 하부보다 중간 귀 쪽으로 더 들어가 외청도의 장축에 대해서 약 15° 정도 기울어져 있습니다.

중간 귀는 고막보다 더 안쪽에 있는 부분으로 공기가 들어 있는 작은 방이기 때문에 중이강(中耳腔)이라 합니다.

고막을 제외한 나머지 벽은 모두 뼈이며 역시 점막으로 덮여 있습니다. 비강(鼻腔)의 점막과 구조가 비슷합니다.

중이강의 안쪽 중이에서 비인후(鼻咽嗅)로 연락하는 유스타키오(歐氏管) 관이 있는데 그 내면은 점막으로 덮여 있습니다.

이 관의 비강 쪽 입구는 평상시 닫혀 있으나 음식물을 삼킬 때와 하품을 할 때는 열려서 공기가 통합니다. 그 결과 중이강 속은 바깥 기압과 같고 고막에 미치는 압력은 안팎이 같아서 평형을 유지합니다.

그러므로 비강에 염증(코감기)이 생기면 그 관 입구가 오랫동안 열리지 않아 공기가 일부 점막에 흡수되어 음압이 됩니다.

그 결과 고막이 안쪽으로 끌려 들어가 운동의 저항을 받기 때문에 일시적으로 청력이 떨어져 귀가 먹먹하게 됩니다.

또 코의 인후강으로부터 중이강에 점막이 연속되어 비강의 염증이 중이에 파급되어 중이염이 되기도 합니다.

중이강 속에는 3개의 작은뼈 청소골(聽小骨)이 관절을 이루면서 연결되어 고막의 진동을 속귀에 전달합니다. 이들 청소골에는 작은 근이 있어서 고막의 긴장도를 조절하고 있습니다.

속귀는 완전히 뼛속에 묻혀 있는 기관으로서 소리를 신경흥분으로 전환하는 감수체와 머리의 이치를 알아내는 감수체가 있는 가장 중요한 곳입니다.

뼈 속에 뚫려 있고 복잡한 모양을 한 관상 구조물 즉 골성미로(骨成迷路)가 있습니다. 이것은 앞뜰(前庭) 와우각(蝸牛殼), 반규관(半規管)이라 합니다.

골성미로 안에는 이 뼈로 된 관을 따라 같은 모양을 한 막으로 된 관이 들어 있어서 이것을 막성미로(膜性迷路)라 합니다.

이것은 뼈에 고착되지 않고 떨어져 있어 뼈와의 사이에 외임파(外淋巴)라는 액체가 들어 있으며 관 속에는 내임파(內淋巴)가 가득 차 있습니다.

앞뜰에는 계란과 같은 난원창(卵圓窓)이 있으며 중이에 청소골 끝이 여기에 접촉하고 있어서 청소골이 진동하면 그 전정의 외임파에 전파됩니다.

전정의 외임파는 다시 청각 감수체가 있는 와우각과 평형감각의 감수체가 있는 반규관에 연락되어 있습니다.

와우각은 마치 달팽이의 껍질 모양으로 2.5 내지 2.75 회전하는 나선(螺旋)으로 되어 있습니다.

나선의 중심축에는 청신경(제8뇌신경)의 가지가 분포되어 있습니다. 이 청신경의 가지를 와우각신경(蝸牛殼神境)이라 부르는데 이것은 중추에 청각 흥분을 전도하는 신경들입니다. 나선혈관의 단면을 보면 기저막(基底膜)이라는 막으로 2분이 되어 있습니다.

기저막에는 청각 감수체인 코르티기관이 있는데 여기서 음파가 신경 흥분으로 전환됩니다. 그리고 그 주위에는 작은 털들이 달려있는 세포가 꽉 차 시냅스를 이루고 있습니다.

두 갈래로 나누어진 와우각관의 윗부분인 고실소관(鼓室小管)은 앞뜰의 정원창에 연결되어 고막으로부터 청소골, 난원창을 거쳐 들어온 음파의 진동이 기저막을 진동시킨 뒤에 다시 정원창을 통해서 중이강 속으로 빠져 나가게 합니다. 이렇게 소리의 물리학은 소리의 강도를 따라

① 소리의 문턱 값
② 보통 숨소리
③ 속삭임
④ 조용한 교외(郊外)
⑤ 자동차 소리
⑥ 회화(會話)
⑦ 보통 TV
⑧ 복잡한 거리
⑨ 기차가 달리는 소리
⑩ 뇌성벽력
⑪ 귀가 아프게 되는 문턱값을 나타냅니다.

그러니까 바깥귀에서 고막을 통해 관절로 들어오면 베어링이 안팎으로 꽉 찬 난원창 속의 소리로 유인 정원창을 통해 속귀로 들어가 유스타키오관으로 전달됩니다. 중이 속은 공기로 꽉 차 있고 밖은 관절로 둘러싸여 있습니다.

이러한 기관들이 잘못 되면 청각 장애를 일으키게 되는데 속귀에서 골성미로도 타원낭(楕圓囊), 구낭(球囊) 평원판이 장애가 생기면 평형 감각을 잃고 어지럼증을 일으키게 됩니다.

음식물을 체내에서 소화흡수 시킨 뒤 신체활동의 에너지원으로 쓰이거나 신체의 성장 또는 유지에 필요한 재료로 쓰고 몸 밖으로부터 영양물질을 공급받아 부족하면 일시에

많은 영양물이 소요되는 긴급 사태가 나타납니다. 이에 대비하여 언제나 그 일부분은 체내에 저장되는 것입니다.

음식물의 성분은 화학적 구조상으로 보아

① 물

② 광물질

③ 유기영양물질

④ 비타민(A·B·C·D) 네 개로 구분합니다.

물은 첫째, 체내에 있는 모든 물질을 용해하는 작용을 하고 용해되지 않는 것은 기름으로 떠 있습니다(膠質溶液).

둘째로 용해된 물질을 세포 안팎으로 침투시켜 생명활동을 원활하게 하고,

셋째는 수분 증발시 기체로 변한 열이 몸을 장애할 때는 체온 조절을 시킵니다.

보통 하루 성인의 용량은 2,500ml가 되는데 그동안 대소변으로 1,600ml 정도를 내보내고 나머지는 몸 안에 머물러 있습니다. 광물질은

① 뼈 사이에 구성분이 되는 칼슘(Ca)

② 효소의 활성화에 관여하는 염소(Cl)

③ 식욕과 성장, 빈혈을 예방하는 코발트(Co)

④ 기초 대사량을 이루는 호르몬 요오드(I)

⑤ 혈색소를 형성하고 조직호흡에 해당하는 동(Cu)

⑥ 혈색소의 형성과 산소로 운반하는 철(Fe)

⑦ 근의 활동을 조절하는 마그네슘(Mg)

⑧ 뼈를 구성하는 인(P)

⑨ 정상발육을 이끌어 내는 칼슘(K)

⑩ 수분의 손실을 예방하는 나트륨(Na)
⑪ 단백질을 합성 시키는 유황(S)
⑫ 상발육 및 조직호흡에 관여하는 아연(Zn) 등입니다.

그러므로 이러한 물질들을 보충하려면 적당량의 아스파라거스, 콩, 모란채, 치즈, 크림, 노른자위, 우유, 빵, 버터, 밀크, 양배추, 대합, 햄, 김치, 소금, 간, 해산물, 밀기울, 코코아, 버섯, 굴, 완두콩, 새우, 살구, 쇠고기, 귀리, 호두, 시금치, 올리브, 감자, 냉이 등을 골고루 먹어야 합니다. 함수탄소는 물과 공기, 당으로 형성되어 있어 인체에 대한 별 영양 가치는 없으나 다량의 에너지와 지방 저장을 담당하기 때문에 지질(脂質)과 함께 절대 필요한 물질인데 버터, 경납(鯨蠟), 코코넛, 동식물성 기름, 밀랍, 양모(羊毛) 등에 많이 들어 있습니다.

이와 같은 함수탄소와 지방, 단백질에 연합하여 수용성과 비타민과 지아민, 니아신, 리보플라빈, 엽산 등을 배출 비타민 A,B,C,D,E,K를 만들어 신체를 유지하는 것입니다."

5. 위와 대·소장, 간, 췌장

다음은 내과 전문의가 말했다.

"모든 음식물은 입과 식도를 통하여 흡입됩니다.
위에는 경구개(硬口蓋)와 연구개(軟口蓋)가 있어 콧구멍과의 사이에 벽을 이루고 있습니다. 그 옆에는 볼(頰) 입술

(脣) 입술 밑바닥에는 혀가 있어 입구멍(口腔)을 형성하고 있습니다. 입구멍 속에는 중층편평상피(重層扁平上皮)가 덮여 있어 풍부한 말초신경이 분포되어 통각, 압각, 온각, 냉각을 느끼고 있습니다.

입 구멍 뒷부분에는 인두(咽頭)가 연결되어 있는데 이곳이 소화기계와 호흡기계의 통로가 되어 있습니다. 인두의 윗부분에는 연구개 끝에 목젖(蓋垂)이 있고 임파 조직이 집합하여 생긴 편도선이 있습니다.

혀는 음식을 골고루 섞어 삼키는 일을 하고 있으며 발음할 때 주로 사용됩니다. 혀의 표면에는 압각, 둔각, 냉각을 느끼는 지각 신경이 많이 퍼져 있고 음식의 맛을 느끼게 하며 신경섬유 통이 들어 있습니다.

혀 표면과 윗면에는 육안으로 볼 수 있는 작은 돌기의 유두(乳頭)가 무수히 있고 혓바닥 골이 져 있는 곳에 맛을 알아내는 미뢰(味蕾)가 있습니다. 치아는 음식물을 잘게 씹는 역할을 하는데 애기 때 나는 유치(乳齒)와 커서 생기는 영구치가 있습니다.

형태의 기능상 앞의 두 쌍의 문치(門齒)는 뜯고 자르는 일을 하고, 다음 한 쌍의 견치(犬齒)는 찢어 먹는 것을 하며, 다음 두 쌍의 소구치와 세 쌍의 대구치는 자르고 갈고 씹는 작용을 합니다. 이를 세어보면 모두 32개가 됩니다. 그러나 마지막 2개(智齒)는 나지 않는 사람도 있어 30개로 끝나는 사람도 있습니다.

침은 음식물을 부드럽게 하는 작용을 하는데 음식물을 용해 분해하여 맛을 보게 하고 세균 감염을 예방합니다.

귀밑선(耳下腺) 끝에 세 쌍의 타액선이 있어 소화 작용을 돕습니다. 음식물을 삼키는 일은 구강, 인두가 주로 하고 속으로 들어온 음식물은 횡경막 바로 밑 큰 주머니로 들어갑니다.

위의 밑바닥을 위저(胃底)라 하고 아랫목 12지장에 연속되는 좁은 부분은 유문부(幽門部), 그리고 이 두 사이를 체부(體部)라 합니다.

식도에서 위로 들어오고 나가는 곳에는 괄약근이 있고 위벽의 외표를 복막이라 하는데 복막은 위의 측선, 대반(大般)을 두 겹으로 싸고 있습니다. 장(腸)의 위를 덮는 것을 대망(大網)이라 하고 복막 밑에 3중으로 된 근육층을 근층(筋層)이라 합니다.

위에는 위선(胃腺)이 있어 위액을 분비하여 소화를 돕는데
① 염산을 분비하는 백세포
② 소화액 펩시노겐을 분비하는 주세포
③ 점액을 분비하는 점액세포가 그런 작용을 합니다.

음식물이 들어오기 전부터 점액을 발포하는 세포가 있는데 다 소화된 후에도 3시간 이상 작용을 하고 있기 때문에 공복감이 오는 것입니다.

정신적인 긴장, 중압감이 있으면 위궤양이 발생합니다. 그러므로 음식은 항상 즐겁게 자유롭게 먹어야 합니다.

소장은 길이가 3.5~4m나 됩니다. 위에서 소화된 음식이 이곳에 이르러 혈액 속으로 흡수됩니다.

소장의 처음 부분을 십이지장이라 부르는데 손가락 12개의 폭에 해당하기 때문에 생긴 이름입니다.

십이지장은 췌장을 머리로 둘러싸고 있습니다.

간은 인체에서 가장 큰 선(腺)으로 무게가 1,200~1,600g 정도 됩니다.

네 개의 잎으로 되어 있는데 좌엽과 우엽 사이 담낭 즉 쓸개가 붙어있어 소화를 촉진할 뿐 아니라 음식물을 산화하여 헤모글로빈을 만들어 냅니다.

간이 잘못되면 황달, 간경화증에 걸리게 되어 있습니다. 특히 자극성의 물질에 약하기 때문에 술을 조심해야 합니다.

소장은 장에서 이루어진 점액을 분석하여 빨아들이는 작용을 합니다.

① 입과 입에서 전분화된 타액은 텍스트린 맥아당을 만들고

② 소장에서 만들어진 전분 췌액은 역시 텍스트린 맥아당을 만들며

③ 소장에서 만들어진 장액 텍스트린 맥아당을 포도당으로 만들고

④ 자당, 유당도 마찬가지입니다.

⑤ 위나 소장에서 만들어진 위액과 담즙을 지방산 글리세린, 유화로 만들고

⑥ 소장에서 유화된 지질들이 췌액, 장액으로 만들어지면 그것을 지방산 글리세린으로 만들고

⑦ 단백질이 위에서 위액으로 변하면 지방산 글리세린으로 만들고

⑧ 유단백질과 펩톤, 폴리템티드가 소장에서 액으로 만들어지면 그것을 아미노산으로 만들어 흡수합니다.

그러기 때문에 소장 역시 위와 같이 계속해서 운동하는 것입니다. 소장에는 작은 융털들이 수없이 붙어 있어 찌꺼기만 남기고는 모든 영양을 흡수합니다.

대장은 길이가 1.5m 직경은 약 7m에 불과하나 맹장에서 시작하여 위로 옆으로 밑으로 S자 형으로 돌아가다가 마지막 직장에 이르러 배설됩니다.

소장은 매끄럽게 구성되어 있는데 대장은 결합조직으로 되어 있는 띠가 12㎜ 가량 세 개가 연속되어 있다가 충수에서 만납니다. 그런데 대장에서는 일찍부터 많은 세균이 번식하여 가스, 아민류 등을 만듭니다. 인체에 해 되는 것도 있으나 여기서 흡수된 것들이 문맥을 통하여 간에 들어가 해독 작용을 합니다.

그리고 그 나머지 찌꺼기를 괄약근(括略筋)을 통해 밖으로 내 보내는 것입니다.

이것이 소화기능의 전부입니다."

다음은 호흡기 계통에 대하여 발표하였다.

6. 호흡과 폐 혈액과 심장

"호흡은 크게 두 단계로 이루어집니다.

몇 가지 근의 협동작용으로 밖의 공기를 폐 속에 흡입시켜 혈액 사이에서 가스를 교환하여 혈액 속으로 산소를 넣어주고 체내에서 생산된 이산화탄소를 공기 중으로 배출합니다. 이것이 호흡입니다.

또 하나는 내호흡인데 폐에서 산소만 흡입한 동맥혈이 신체 각 분야에 도착, 혈액과 조직 세포 사이에서 가스가 교환되면 세포 속으로 들어간 산소가 여러 영양물질을 산화하여 이산화탄소가 되어 다시 혈액 속으로 들어가게 됩니다.

콧구멍(鼻腔)의 속벽에는 3개의 융기가 있는데 상, 중, 하 갑개(甲介)가 그것입니다. 이것은 표면의 다른 부위와 함께 점막으로 덮여 있고 혈관이 발달되어 있습니다.

비강은 호흡에서 처음 공기가 접촉하는 곳이며 공기를 따스하게, 촉촉하게 하면서 공기 중의 먼지를 제거하는 곳입니다.

이것은 첫째로 점막 표면에 분비된 점액에 의해 작은 입자가 붙잡히고 갑개 부위로 공기가 통과할 때에는 기류에 소용돌이가 일어나서 먼지가 원심력에 의하여 점막에 부딪히게 됩니다.

또한 콧구멍 입구에 털이 있어서 큰 먼지는 여기서 걸리게 됩니다.

비강은 중앙에 있는 비중격에 의해 둘로 나눕니다.

상갑개의 점막에는 후각(嗅覺)의 감수체의 구실을 하고 신경말단이 분포되어 이것을 통과하는 공기 중에서 냄새를 일으키는 자극을 받아들입니다.

포유류에 비하면 그렇게 예민한 것은 아니지만 0.000.003 정도 메틸알콜까지도 냄새를 맡아내는 예민성이 있습니다.

또 기도(氣度)나 구강(口腔)과도 연결하여 음식물이 들어오게 하는 인두(咽頭)가 있고 그 밑에는 후두개(喉頭蓋)가 있어 두 장의 횡경막(橫經膜)이 연골로 되어 있습니다.

수평면에서는 단면이 3각형을 이루고 그 정점이 목의 중앙선에 돌출하여 사과처럼 두드러지게 드러나 있습니다.

기관은 직경이 2~2.5㎝ 되는 관으로 후두에서부터 약 11㎝ 정도 길이로 가늘고 거기서 두 개의 큰 가지가 열려 있는데 이것을 기관지라 부릅니다.

기관지 속에는 부드러운 털로 된 상피세포로 덮여 있고 그 세포 사이에 배상세포(杯狀細胞)가 끼어 있어 점액을 분비하여 비강, 인두, 후두를 지나는 사이에 제거되지 못한 작은 먼지를 인두목으로 이송합니다. 이것이 쓸개(膽)입니다.

이물질이 들어오면 인두가 반사작용을 하여 몸 밖으로 배출합니다. 그래서 기침을 하는 것입니다. 기도에 염증이 있으면 점액의 분비가 많아지고 기침도 자주 하게 됩니다.

폐는 기관지와 연결되어 세기관지를 이루고 그 끝에는 기낭이라는 공기 주머니가 있어 폐포를 연결시킵니다.

폐포는 상피세포로 이루어져 있고 그 바깥에는 모세혈관의 치밀한 그물이 둘러싸여 있습니다. 이 상피세포와 모세혈

관의 엷은 층을 통과하면서 공기와 털 사이에서 가스 교환
이 일어나게 됩니다.

　사람의 폐에는 2.5~3.5억개의 폐포가 있고 그 크기는 직
경 150~300미크론으로 폐 내면의 총 면적은 50~100㎡가
됩니다.
　이것은 사람의 체포 면적의 20배 내지 50배가 됩니다.
　폐 속에 들어있는 혈액량은 전신 혈액량의 4분의 1이지만
넓은 폐에 퍼져 있으므로 짧은 시간 내에 가스교환이 이루
어집니다.
　폐 우측 3개 좌측에 둘의 폐엽이 있고 그 늑막(폐늑막, 폐
벽늑막) 사이에 윤활유 역할을 하는 늑막액이 있어 폐의 팽
창과 수축 사이에서 일어나는 마찰을 감소시키고 있습니다.

　늑막골에 늑막액이 불어나면 늑막염이 됩니다. 좌우 폐 사
이에는 심장, 큰 혈관, 신경 및 식도가 들어있는 공간이 있
는데 이것을 종격동(縱膈洞)이라 하며 각 장기의 상호 작용
을 조절하고 있습니다.

　호흡은 들이쉬는 흡입과 배출하는 호흡이 있는데 능동적,
수동적으로 이루어지고 있습니다.
　흡기 초기의 성분은 질소, 산소, 이산화탄소가 중심인데
그 외에도 아르곤, 수소, 네온, 헬륨, 크세논, 크립톤이 있
습니다. 호흡의 조절로 신경이 조절하고 신경의 조절로 화학
물질이 만들어져 신진대사가 일어나게 되는데 만약 폐가 멈
추면 죽게 되기 때문에 그럴 때는 인공호흡을 시도하여 소

리가 나게 되면 죽지 않게 되어 있습니다. 성대 속에 성문 (聲門)이 열려 있음을 상징하기 때문입니다.

혈액은 성인 1인 체중의 9%를 차지하는데 혈관내에 분포되어 영양과 노폐물을 이동시키는 작용을 하고 있습니다.

피에는 적혈구, 백혈구, 혈소판이 있는데 1㎣ 혈액 속에 490(女)~510(男)만 개가 되는데 그 색이 붉기 때문에 적혈구라 합니다. 이것이 부족하면 빈혈현상이 생깁니다.

그리고 백혈구는 직경이 1~1.25배는 핵세포로서 자율적으로 옮겨 갈 수 있습니다. 때로는 모양은 변하여 모세혈관 내피세포로 빠져나가 조직 내로 이동, 아메바 운동을 하면서 피 속의 이물질을 탐색하여 소화시킵니다.

이외에도 세포체가 연한 붉은색으로 염색되는 호중성구(好中性球) 산성색소를 취해 호산구(好酸球), 세포 속에서 청색으로 염색되는 호염기구(好鹽基球), 골수에서 나오지 않는 임파구(淋巴球), 한 개의 큰 핵을 가진 탄핵구 등이 있습니다.

무색의 혈소판은 골수세포의 파편으로 혈액 응고의 필요한 트롬보플라스틴을 가지고 있습니다.

그리고 혈장(血藏)에는 물, 혈장단백질(섬유소원, 혈청알부민, 혈청글로불린), 기타 유기물질(요소, 유기영양물질, 무기이온, C2, CI, MG, HCO, 탄산염, 인산염) 등이 있습니다.

혈액은 혈장 속에 있는 이런 특수한 단백질과 적혈구의 세포막에 있는 성질들을 기초로 하여 A형, B형, AB형, O형 네 가지로 구분합니다.

A형은 A, B, AB형에게 다 줄 수 있고 B형은 A, B형에게 줄 수 있으나 AB형은 AB형에게만 줄 수 있고 O형은 A, B, O, AB형에게 모두 줄 수 있습니다.

그런데 이 세 개(A, B, O)에 관계없는 RH 인자라는 것이 있는데 이것은 적혈구에 있는 특별한 단백질의 성분을 말합니다.

심장은 네 개의 방으로 구성된 근육 주머니를 율동적으로 수축과 이완을 되풀이하여 혈액을 혈관 속으로 밀어내어 혈액 순환을 일으키는 원동력을 발생시키는 기관입니다. 몸의 좌측에 있어 그 끝(心臟)이 좌측 다섯 번째 늑골과 여섯 번째 늑골 사이에 있기 때문에 심장박동을 재는 사람이 거기에 청진기를 대는 것입니다.

심장은 근육성의 막에 의해 두 개로 나누어지는데 우심속에 있는 혈액이 좌심방으로 흘러들어 갑니다. 어머니 뱃속에 있을 때는 태반을 통해 가스 교환을 하기 때문에 새로 태어난 아기에겐 충격을 주어 울음소리를 터뜨리게 하는 것입니다.

심장은 심낭이라고 하는 질긴 섬유막으로 된 주머니 속에 들어 있고 심장과 이 주머니 사이에는 심장액이 들어 있어 심장이 움직일 때 잘 미끄러질 수 있도록 하는 윤활유가 됩니다.

좌심과 우심을 다시 각각 두 개로 나누는데 위쪽에 있는 것은 심방, 아래쪽에 있는 것은 심실, 그리고 그 방 사이에

판막이 있는데 이것을 방실판이라 부릅니다.

그런데 우심에 있는 판 조각 세 개가 있으므로 이것을 3천판이라 하고 좌심에는 2개가 있는데 이것을 승보판이라 합니다. 심방에는 혈액이 이곳으로 들어오는 큰 혈관이 되기 때문입니다.

좌심방에는 산화혈액(동맥혈)이 들어있는 폐정맥이 있고 우심방에는 상하공정맥(上下空靜脈)이 연결되어 있습니다.

앞의 것에는 머리, 목 및 팔로부터 정맥혈이 흘러 들어오고 뒤의 것에는 가슴 및 하반신으로부터 정맥혈이 흘러들어옵니다.

심방의 벽은 심실벽에 비하여 대단히 얇은데 이것은 심방의 정맥을 통해서 들어오는 혈액을 받아서 심실로 보내는 단순한 동굴 구실을 할 뿐이기 때문입니다.

심장이 한번 수축하여 이완하는 것을 심장 주기라 합니다.

혈액이 정맥에서 심장으로 들어올 때는 방실판이 열려진 채로 있기 때문에 혈액의 흐름에 대하여 별로 저항하지 않지만 심실 내에 혈액이 충만하면 심실이 점점 확장됩니다. 결국 심실 내의 압력이 역류하는 현상을 막기 때문입니다.

심실이 혈액으로 충만하여 방실판이 닫혀지게 되면 짧은 시간내에 근의 수축파가 심실근 전체를 휩쓸게 됩니다.

이 수축파는 심장의 심천으로부터 심장의 방향으로 진행됩니다. 그 결과 심장내의 혈액을 방실판이 아닌 다른 출구로 혈액을 밀어냅니다.

심실에서의 혈은 좌심실에서는 대동맥으로 우심실에서는

폐동맥으로 나가는데 그 출구에 각각 대동맥판과 폐동맥판이 있어 한번 동맥 속으로 나간 혈액이 되돌아오지 못하게 막고 있습니다.

이 두 개의 판막은 판막 조직이 단단한 섬유성으로 되어 있고 모양이 반달같이 되어 있으므로 반월판이라 부릅니다.

방실판은 반월판과 비교하여 막이 얇고 넓습니다. 그러므로 심실이 수축하여 심실내의 압력이 커지면 판막이 뒤집어져서 심방 쪽으로 혈액이 역류할 염려가 있으므로 그렇게 구성된 것입니다.

이와 같이 네 개의 심장판막은 정상시 닫혀 있을 때는 판막 조직실이 가장자리에 잘 밀착하여 있어 틈이 없기 때문에 혈액이 역류할 염려가 없습니다. 그러나 질병에 의하여 판막이 파괴되면 혈액이 역류하여 심장의 펌프로서의 능력이 떨어지기 때문에 류머티스, 알레르기성 질환이 나타나는 것입니다.

심장의 주기를 재는 것은 심방 수축기와 심실 수축기, 심실 확장기를 사용하여 재는데 이들이 움직이는 소리를 들으면 뚜우닥, 뚜우딱 합니다.

이같은 심장의 활동으로 신경이 조절되어 신경질이 나타납니다.

부교감신경이 흥분하면

① 동방 결절에서 시작되는 심장박절이 느려져서 심장의 박동수가 감소되고

② 심근의 수축력이 약화되며
③ 심장의 흥분 전도 속도가 느려지고
④ 관상 혈관의 혈류가 감소됩니다.

　또 교감신경이 흥분하면
① 심장의 박동수가 증가하고
② 심장에서의 흥분 전도 속도가 빨라지고
③ 심근의 수축력이 강화되어 더 힘있게 혈액을 밀어내고
④ 관상혈류가 증가하여 심장의 산소와 영양분이 증가됩니다.

　여기서 신경의 흥분도가 나타나기 때문에 이것을 모르는 사람은 속에 가서 귀신이 들어가서 마음을 흔들어 놓는다고 합니다.

　그런데 얼음공주는 살아있을 때 심장에서 혈액순환과 혈압이 가장 정상적으로 흘렀으므로 이와 같이 죽은 지 2천년이 지난 뒤에도 평온한 모습으로 누워 있는 것으로 압니다.

　사람들은 모두 감탄하고 순환계의 분포도를 바라보면서 자기의 혈관, 동맥과 모세혈관, 정맥과 혈류관계를 점검하듯 근엄한 모습으로 압력과 저항의 흐름을 점검, 혈액점성과 압력, 유량의 저항관계를 살펴보고 혈류의 흐름을 조절하는 것 같이 하였습니다.
　사실 신체 각부의 혈액량은 혈압에 의해서 조절되는 것이므로 모세혈관의 액체 이동과 콩팥의 혈압조절, 부신피질과 신경을 잘 조절하여야 합니다.

고혈압은 정상 혈압보다 높은 것이고 저혈압은 정상혈압보다 낮은 것인데 이것은 맥박 및 맥파로서도 가늠할 수 있습니다.

그런데 이렇게 흘러가는 가운데서 세포나 세균의 파편들도 따라서 흘러가는 것이 많은데 임파선(淋巴腺)이 이를 포착하여 잡아냅니다. 그것이 너무 많아지면 임파선염이 되는 것입니다.

인체의 조직은 하늘의 별이 문제가 아닙니다.

그 많은 별들이 우주에 존재하면서도 우주의 존재가 흔들리지 않듯 신체의 각 조직기관이 하나의 몸을 유지하기 위하여 스스로 그 기관 속에서 병균을 잡아내고 있는 것을 보면 새삼스럽게 놀라고 감탄하지 않을 수 없습니다.

7. 체온과 콩팥, 성기능

그때 발표회에 참석한 청중 가운데서 질문이 쏟아졌다.

첫째는 에너지 대사와 체온에 대하여 묻고

둘째는 콩팥의 기능에 대해서 물었으며

셋째는 내분비선

넷째는 성기능

다섯째는 생식과 태아의 생리에 대하여 물었다.

"지금까지 발표해 주신 여러 학자들의 말씀을 감명 깊게 들었습니다. 그런데 에너지가 어떻게 대사되는지 체온조절을 어떻게 해야 하는지 알고 싶습니다."

신진대사를 담당한 의사 선생님이 말했다.

"좋은 질문입니다. 소화흡수 기능과 대사과정은 신체활동과 필요한 에너지를 공급하는 데 있습니다.

신체 각부의 운동, 선(腺)에서의 분비, 신경이나 근세포에서의 막전위(膜電位)의 발생, 물질의 합성과 콩팥기능에서의 물질의 능동적 운반 등 모든 신체의 활동은 에너지를 소모합니다. 물론 이 에너지는 모두 음식물에서 얻어지는 것입니다.

세포는 음식물들이 분해된 화학적 에너지를 직접 이용하지 못하고 ATP(아데노신 3인산)라는 특별한 화합물이 간직한 에너지를 이용하고 있습니다.

세포가 활동하면 ATP가 분해되어 감소하게 되는데 음식물이 가지는 에너지를 이용하여 ATP를 재생, 감소된 양을 보충하고 있기 때문입니다.

ATP는 아미노산이라는 유기분자에 인산기가 3개 결합해 결국 ADP(아데노신 2인산)가 되므로 1분자량에 10~12칼로리의 에너지가 되기 때문입니다.

여기서 함수탄소가 포도당으로 될 때 일부는 산소가 없이도 분해되어 에너지를 유리하나 대부분 산화되어 ATP로 쓰여집니다.

여섯 개의 탄소원소를 갖는 포도당은 세포 속에서 여러 가지 효소작용을 받아 몇 단계의 분해과정을 거친 후 3개의 탄소원자를 갖는 2분자의 피추빈산으로 됩니다.

다음은 피추빈산이 산화되어 이산화탄소와 분리되는데 이때 앞서 양산된 9배 되는 에너지가 유리됩니다. 이렇게 유리된 많은 에너지는 세포내에 있는 ADP의 인산기를 하나 더 결합시켜 ATP가 되는 것입니다. 영양 물질로서 지질이나 단백질도 세포 속에서 ATP를 만드는 데 이용됩니다.

이렇게 하여 지방분이 세포 속에서 지방산이 되어 키토산이 되면 영양분으로 들어가는 단백질은 세포 속에서 아미노산의 형태로 있다가 탈아미노키 작용에 의해 아미노키를 잃어버리고 2~3개의 탄소원자를 갖는 화합물질이 됩니다.

이들 간단한 탄소화합물이 비추빈산과 비슷한 과정으로 산화되어 CO_2와 H_2O가 되면서 다량의 에너지를 유리하고 ATP를 만들게 됩니다.

세포 속에서 화합물질은 ATP양에 의하여 조절 작용을 받습니다. 즉 세포 활동의 필요성에 의하여 ATP가 분해 ADP가 되면 이것이 세포에서 산화작용을 촉진시켜 다시 ATP를 만들게 되므로 세포의 산화과정은 반드시 ADP가 존재하여야만 ATP 작용이 활발하게 일어나다가 ADP가 모조리 ATP가 되어버리면 세포 속에서 산화과정을 그치게 됩니다.

세포 속에는 ATP외에도 인산크레아틴이라고 하는 고 에너지 인산화합물이 다량으로 있는데 이것이 크레아틴에 인산과 결합 ATP → ADP로 만들어지는 것입니다.

말하자면 세포 에너지 저장고로서 존재하는 ATP가 크레아틴의 저장고로 변해지는 것입니다.

다만 인산크레아틴은 분해될 때 생기는 에너지가 세포 교류활동에 쓰이는 것이 아니라 ADP→ATP의 반응을 거쳐 쓰여지게 되는 것입니다.

이것이 ADP 에너지가 근수축, 선분비, 신경활동 중간대사 등 세포 고유 기능을 나타내 보인 것입니다.

사람은 평상시 한정된 시간만 운동할 수 있는데 그 몇 10배 운동할 수 있는 것은 ATP와 인산크레이아틴에 미리 저장되어 있던 에너지를 쓰기 때문에 가능한 것입니다.

이와 같이 음식물로 섭취된 영양물질은 체내에서 여러 가지 화학변화를 일으켜 상당량의 열량을 대사하고 있기 때문에 사람은 적어도 5일에서 50일까지 먹지 않고도 살 수 있는 것입니다.

그런데도 그 가운데서 세포 외액을 일정하게 조절하는 콩팥의 기능이 매우 중요합니다. 적당량 이상으로 나타날 때는 이것을 몸 밖으로 배설하고 부족할 때는 그것을 막는데 콩팥이 다하지 못할 때도 폐가 도와 이산화탄소를 공기 중으로 내보냅니다.

특히 적혈구에서 파괴된 혈색소의 일부 성분은 간에서 담즙이 되어 12지장 안으로 배출되기도 하는데 그 양은 매우 적습니다. 혹 땀으로 나가는 경우도 있으니까요.

체내에 있는 분비선은 특별한 모양으로 선세포 집단을 형성하고 있는데 외분비선과 내분비선 두 가지가 있습니다.

외분비선은 선세포에서 생산된 분비물이 도관(度灌)을 통해 신체 표면이나 소화관 안으로 배출되는데 이때 작용하는 기관이 한선(汗腺) 타액선(唾液腺) 췌장입니다.

그리고 내분비선은 관이 없이 생산된 물질이 혈액 속으로 직접 흡수 배출되어 전신으로 퍼져 나갑니다. 일반적으로 내분비선은 모세혈관이 잘 발달되어 있기 때문입니다.

여기서 생산된 물질을 호르몬이라 합니다. 이와 같이 내분비선은 신경계와 같이 각 특이한 세포 조직과 기관에 널리 작용하고 표적기관의 특이한 기능을 향진시키며 신체내부의 세포 기능을 향진시키기도 합니다.

그러나 신장에는 조절 신호로서 한정된 범위 내에서 활동하는데 반하여 내분비의 호르몬은 전신적으로 활동하면서 즉각적으로 활동합니다. 특히 남자 고환, 여자는 낭소에 거의 집합되어 생식 생리와 연관된 작용을 하고 있습니다.

내분비 기관으로는 뇌하수체가 있는데 뇌의 밑에 붙어있습니다. 구조상으로는 전엽(前葉)과 후엽(後葉)으로 나누는데 거기 각각 선하수체와 신경하수체가 있습니다.

선하수체에는

① 성장호르몬

② 갑상선 자극 호르몬

③ 부신피질 자극 호르몬

④ 세포 자극 호르몬

⑤ 항체 형성 호르몬

⑥ 항체 자극 호르몬이 있습니다.

이중 셋은 생식과 연관이 있으므로 생식 호르몬이라 합니다.
선하수체를 이루고 있는 세포는
① 항색소 세포
② 호염기성 세포
③ 호산성 세포가 있는데
①에서 ②, ③이 호르몬을 만들어 분비됩니다.

성장 호르몬은 아기 때부터 성인이 될 때까지 많은 양이
생산되어 거의 일생동안 계속 분비되는데 각 부의 발달과
성장에 도움을 줍니다.
　만일 성장기에 이 호르몬이 정지되면 난장이가 되고 과잉
하면 거인증에 걸립니다.

갑상선 자극 호르몬은 선세포를 증식 비대시키며 호르몬
생산량을 증대시키고 부신호르몬은 부신피질에 있는 선세포
를 자극 부신호르몬을 생산하고 생식 전 남녀 호르몬은 난
자와 정자를 만들어냅니다.
　그리고 항체 형성 호르몬은 성숙된 난자와 정자를 복강
쪽으로 몰아내는 역할을 하고 항체자극 호르몬은 정자, 난자
를 자극하여 임신에 도움을 줍니다.

선하수체는 모세혈관이 매우 발달하여 소동맥과 뇌하수체
문맥계를 통하여 그 줄기를 따라 혈관을 형성하여 장과 간
사이에서 일종의 문맥을 형성합니다.
　신경하수체는 신경섬유로 된 시상하부에 저장되었다가 혈
액내로 방출하는데 항이뇨 호르몬과 옥시토신으로 나누어집

니다.

항이뇨 호르몬은 배뇨작용을 주로 하고 옥시토신은 자궁을 수축시키면서 젖이 나게 하는 작용을 합니다.

갑상선은 후두 연골 아래 작은 주머니로 형성 교질 용액을 저장 분비합니다.

부신은 콩팥 위에 모자 모양으로 얹혀 원선으로서 피질(皮質)과 수질(髓質)로 구성되어 있습니다. 피질은 생식 조직과 연관이 있고 수질은 신경조직(교감신경)과 연관이 있습니다.

염류피질 호르몬은 체내의 나트륨을 조절하고 당류 피질 호르몬은 스트레스 즉 외상, 중독, 전염병의 자극을 받는데 여기에 저항하는 힘을 가지고 있습니다.

다음 췌장(膵臟)은 소화액을 분비하는 작은 선강(腺腔)과 글루카곤을 분비하는 알파세포와 인슐린을 분비하는 베타세포로 구성된 랑겔한스섬에 대하여 말하면 췌장은 작은 선강(腺腔)을 가진 선포를 만드는 구조와 그렇지 않은 두 종류가 있습니다.

앞의 것은 소화액을 분비하는 외분비선이고 뒤의 것은 알파(글루카곤 호르몬 분비), 베타(인슐린 분비)로 구성되어 있습니다.

인슐린은 각 세포에서 세포부에 대한 포도당의 투과성을 높입니다. 그러니까 인슐린은 포도당의 원액에 농도를 저하시키고 지방 에너지를 조절합니다. 만일 이것이 조절되지 않으면 당뇨병에 걸립니다.

부갑상선은 직경 3~8㎜밖에 안되는 작은 구형(球型)으로 갑상선 안에 네 개가 있는데 호르몬의 작용을 뼈로부터 분리시켜 칼슘 농도를 조절합니다.

사람의 생식과정을 보면 남성은 정자를 여성은 난자를 생산하여 이들이 서로 모여 수정란이 되고 그것이 자궁 속에 들어가 발육하여 태아가 됩니다. 이 과정 중 생식을 시작하는 기능을 성기능이라 합니다.

정자는 남성의 고환에서 생산되는 성세포로서 정충이라고도 부르고 난자는 여성의 난소에서 성숙되었다가 남자 정충을 만나면 50~60만 개 이상의 정충들이 서로 교류하여 마지막 선택된 것이 태속에 들어가 자리 잡게 됩니다.

이렇게 수정된 태아는 어머니 뱃속에서 열 달을 지내다가 이 세상에 태어납니다.

태어난 이후에는 가정환경과 사회 환경 속에서 갖가지 교육을 받아 착해지기도 하고 악해지기도 하며 때로는 진, 선, 미를 통해 성스러운 인간이 되기도 합니다.

태초 이래 우리 인류는 원숭이처럼 유인원으로 태어났다가 두 손과 발이 발달하여 물과 불, 바람을 이용하는 자연의 정복자로까지 발전하였습니다.

그런데 세계는 지금 사람에 의하여 파괴되어가고 있고 자연은 손상되면서 기후를 변화시켜 지구의 수명을 단축시키고 있습니다. 뿐만 아니라 사람은 종족과 국가, 종교의 무지 때문에 수많은 전쟁을 일으켜 수많은 인명을 살상하면서 끝없는 전쟁을 일으켜 가고 있습니다.

　결국 승자가 패자가 되고 패자가 승자가 되기도 하지만 살아있는 사람들은 죽은 뒤의 역사를 미리 감지하지 못하는 것 같습니다.

　오늘 우리가 보는 이 성녀는 얼음 속에 파묻혀 있으면서도 세계의 평화와 인류의 행복을 위해 기도하고 있는 것 같습니다."

　다음은 우주인 라엘의 증언이다.

알타이 대학 세미나 07

우주인 라엘의 증언

우주인 라엘은 프랑스 사람이다. 1946년 프랑스 뷔사에서 태어나 카레이서(자동차 경주인)이면서 스포츠카 전문지의 발행인으로서 활약하다가 프랑스 클레르몽 페랑에서 한 외계인 엘로힘을 만나 우주인의 메시지를 전한 사람이다.

1. 베다 문학의 우주관

"나는 1973년 클레르몽 페랑에서 드라쏘라 분화구 앞에서 혹성에서 온 우주인을 만나 우주의 비밀을 알게 되었습니다.

우리 인간은 저 멀고 먼 혹성에서 날아와 끝없는 진화와 발전을 거듭 하고 있는데 이렇게 가다가는 자기가 만든 화살에 자기가 맞아 죽게 되어 있다는 것을 가르쳐 주었습니다.

말하자면 사람이 사람의 힘을 빌리지 않고 기계를 만들어 쓰다보면 그 기계에서 사람이 잡아먹히게 되어 있다는 말이지요.

지금 세상에서는 난자와 정자를 실험관 속에 넣고 배양하고 있는데 장차 그 놈들에게 현재의 사람들이 다 잡아먹히게 될 수 있다는 말입니다.

나는 이 우주인을 만나면서 지금부터 8천 년 전 인도 베다문학에 있는 천당설을 연상하게 되었습니다.

불교에서는 그것을 이끌어 3계 28천의 학설을 만들어내고 있습니다.

3계는 욕계, 색계, 무색계인데 욕계는 5욕(食, 色, 睡, 財, 名) 소속의 세계를 지옥, 아귀, 축생, 아수라는 악도의 세계로 나눈 것이고

인간은 남섬부주, 서우화주, 동승신주, 북구로주, 4주 세계를 비고비락(非苦悲樂)의 세계를 만들어 내는데 여기 4왕천, 도리천, 염마천, 도솔천, 자재천, 타화자재천 6천이 있다고 하였습니다.

모두가 즐거운 세계입니다.

말하자면 지옥, 아귀, 수라천은 화생(化生)으로

지옥은 한량없는 겁 동안 생각으로만 음식을 먹고

아귀는 10~500세까지 굶주림 속에서 살고

축생은 태생, 난생으로 태어나 풀, 나무, 덩어리 음식을 먹으며 천년 살기가 어렵고

아수라는 500~5000세를 사는데 단정한 음식, 세활식을

하지만 몸 접근으로 사랑하면서도 계속 싸움을 하고

인간 4주는 100~1000세까지 사는데 사람 키는 175~350㎝까지 1만 6천세를 산다 하였습니다.

모두가 태생으로 결혼하나 울단월만 독신으로 삽니다.

먹는 것은 정식과 세활식, 단식으로 자기가 희망하는 것을 마음대로 먹고 주로 선행을 하고 산다고 했습니다.

그리고 욕계 6천(4왕, 도리, 염마, 도솔, 자재, 타화자재천)은 50~1600세까지 살며 키도 1~32㎞까지 건강한 몸을 받아 최고의 음식을 먹고 즐겁게 산다고 했습니다.

다음 색계는 4선(禪 : 초선, 2선, 3선, 4선)을 통해 아름다운 색상 속에서 선열식을 하고 사는데

초선 3천(범중, 범보, 대범)은 1겁의 수명에 1~3㎞의 키를 가지고 깨끗하고 조용한 삶을 살고

2선 3천(소광, 무량광, 광음천)은 사려분별(思慮分別)을 여의고 항상 기쁨 속에서 2겁 동안 살며

3선 3천(소정, 무량정, 변정천)은 탐욕적인 쾌락을 버리고 3겁 동안 살고

4선 9천(무운, 복생, 광과, 무상, 무번, 무열, 선견, 선현, 색구경)은 성인의 경계에서 4겁부터 5천겁까지 산다고 하였습니다.

그리고 순수 정신만으로 사는 무색계 4천(공무변, 식무변, 무소유, 비상 비비상천)은 1만겁부터 8만 4천겁까지 산다고 하였습니다.

요즘말로 하면 욕계, 색계, 무색계는 백억 계의 태양계 가운데 이와 같은 태양계가 무진하게 있다고 하였습니다.

이것이 바로 화엄경의 무진법계의 내용입니다.

그러므로 불교에서는 시작도 없고 끝도 없는 세계가 이 세상에 무진하게 퍼져 있다고 하는 것이며 그것을 보고 인식하는 사람의 마음 또한 무시무종(無始無終)이라 하는 것입니다.

그래서 나는 그들 우주인을 자주 만나게 되었고 그들의 세계를 가서 직접 구경하기도 하였는데 그래도 내가 사는 이 세계가 제일 좋은 것 같습니다.

단지 전쟁만 없으면 말입니다.

그래서 나는 하느님 엘로힘은 하늘에서 온 사람이고 창공은 우주선이 다니는 길이며 땅과 하늘, 창공은 바로 지표면이라 생각하고 있습니다.

노아의 홍수, 바벨탑, 소돔과 고모라, 아브라함에 대한 이야기도 모두가 그 속에서 꾸며진 이야기라 생각되는데 똑같은 아브라함 자손들이 기독교, 이슬람교를 만들어 싸우는 것을 보면 진실로 한스럽기 그지없습니다.

그동안 유럽의 천년 역사가 암흑 속에서 살아 왔는데 자기의 고통을 남의 나라에까지 전하여 식민정책을 쓰고 있으니 참으로 불쌍합니다.

이 세상의 공산주의와 자본주의가 어디서 생겼습니까.

하늘의 별, 땅의 물은 아무런 조건 없이 우리에게 베풀고 있는데 하늘을 핑계한 도둑놈들이 땅을 금을 그어 내 것, 네 것을 가려 싸우고 있으니 기가 막힌 일 아닙니까.

동양의 어리석은 사람들도 여기에 물이 들어 핍박을 받고 있으니 그 죄가 어디로 가겠습니까?

하늘의 은혜를 감사하고 천지자연을 부모님처럼 섬기던 얼음공주의 사랑이 새삼스럽게 느껴집니다."

2. 천당과 지옥 이야기

"천당과 지옥이 분명히 있다고 생각하십니까?"

"그럼요, 단테의 지옥도가 문제가 아닙니다.
천당과 지옥은 그대로 있습니다.
모두가 지은 대로 받고 있습니다.
DNA가 각기 다르듯이 천당과 지옥도 각기 다릅니다.

이 세상에서 가장 무서운 지옥이 칼산지옥인데 칼날과 같은 마음으로 살던 사람들이 태어나는 장소입니다.
온 산이 번쩍거리는 은빛으로 빛나고 있는데 너무도 찬란하여 거기에 손만 대면 천 조각 만 조각이 납니다.
한 번 죽어 다시는 들어가지 않으려 하여도 하루에 만 번 죽었다 만 번 살리며 머리, 가슴, 배, 팔, 다리가 부분적으로 다 잘라져 피가 개울물처럼 흘러도 누구 하나 거들떠보는 사람이 없습니다.

남의 생명 업신 여기고 자기 생명 박대한 사람이 들어가게 되는 지옥입니다.

원래 내 몸은 내가 아닙니다.

수 천만 개의 세포가 살아 움직이고 있으며 팔다리, 머리, 할 것 없이 제 각기 자기능력을 가지고 사는데 실컷 부려먹고도 밥도 주지 않고 휴식도 시켜주지 않는 원수 같은 사람이 들어가는 지옥입니다.

두 번째 지옥은 끓는 물 지옥입니다.

우리의 목욕탕처럼 40~50도로 뜨거운 것이 아니라 8만4천도로 뜨거워 머리카락 하나만 잡고 김만 쏘여도 모두 기름방울이 되어 녹여주는 지옥입니다.

이 또한 하루에 8만 4천 번을 죽었다 살렸다 하는데 뜨거운 기름국에 적셨다가 다시 꺼내 살아날 만하면 다시 또 집어넣기를 수없이 합니다. 사람의 마음을 부글부글 끓게 하고 짐승들을 놀라게 한 사람들이 들어가는 지옥입니다.

손발이 튀겨져 부풀어 오르고 혀가 꼬부라지고 머리칼이 다 벗겨져 숨도 쉴 수가 없게 되면 뿔 달린 사자가 와서 날선 칼과 창으로 가슴을 찔러 죽게 하고 죽은 물건을 가마솥에 끓여 지옥중생들이 모두 먹고 마시게 합니다.

이외에도 8만 4천 지옥이 있는데 낱낱이 들어 설명할 수 없습니다."

"일반 지옥은 어떤 사람들이 들어가는 곳입니까?"

"두꺼운 땅처럼 그 마음을 딱 걸어 잠그고 어리석은 짓만 하고 악한 말과 행동으로 복수하며 되, 말, 저울, 자, 문서를 가지고 사람을 속여 가슴에서 불이 나게 하는 사람들이 들어가는 곳입니다.

눈을 파버리고 귀를 자르고 혀를 빼 쟁기로 갈고 손톱과 발톱을 집게로 뽑고 송곳으로 찌르고 몽둥이와 돌로 치고 맷돌로 갈아 아주 가루로 내려 밀가루처럼 분해되면 몸에 뿔 달린 사자가 옆에 섰다가 부채로 부치면 다시 살아나 갖가지 체험하지 못한 일을 체험하게 하나니 천만 번 죽었다 살아나도 끝이 없습니다.

또 선영(先塋)을 박대하고 음식물을 함부로 버린 사람들은 죽어서 꼬챙이처럼 마른 아귀가 되는데 목구멍은 바늘귀만 하고 몸뚱이는 항아리만 하며 무엇이고 입에 들어가기만 하면 목에 걸려 불이 나 죽습니다.

사실 보면 이 세상에 태어날 때 실오라기 하나 가지고 온 이 없건만 어리석은 사람은 이 세상 모든 것이 제 것인 양 함부로 쓰고 낭비하여 자연을 발가벗기고 있기 때문에 죽어서도 그 몸이 민둥산처럼 되어 그늘 하나 없게 됩니다.

입에서는 불이 활활 타오르고 귀에서는 욕하는 소리가 들려 안절부절 마음을 잠깐도 편안하게 가질 수가 없습니다.

방아로 찧고 맷돌로 갈고 몽둥이로 패고 칼로 찢어 마치 여우가 죽은 송장을 찢어 놓은 것 같습니다.

또 대부분의 군인 출신들이 군대에서 훈련 받듯이 혹독한 고문을 받다가 마지막에는 총칼로 쏘고 베고 찢고 하여 5장 6부가 온 산천에 널브러지면 날짐승인 새들과 들짐승들이 와서 즐겨먹고 끌고 돌아다니다가 길가에 버리고 달아나면 낮에는 햇빛에 다리미질을 당하고 저녁에는 달과 별들이 찬 서리를 내리어 부풀고 쪼그라들어 그 형상이 가뭄 속에 논바닥처럼 갈라지면 숨을 헐떡거리며 먹을 것을 달라고 몸부림칩니다.

종 종 종 병아리가 암탉이 되어 새끼를 낳으면 열 마리 스무 마리가 매 솔개에 채가고 남은 놈들은 자라 주인 손에 목이 졸려 털을 뜯기고 기름에 튀겨져 입속으로 들어가면 온몸이 찢기고 발려져 말 한 마디 하지 못하고 똥오줌을 쌉니다.

날마다 무거운 짐을 짊어지고 먼 거리를 갔다 와 팔 다리가 터지고 부러지면 마침내 도끼와 망치로 골을 부수어 가죽을 벗기고 살을 펴서 석쇠에 구워 가지고 볶아먹으며 입맛을 돋우는데 죽은 놈을 생각하는 사람은 열에 하나도 되지 않습니다.

이렇게 아수라, 아귀, 축생이 되어 온갖 고생을 하는 것을 누가 알아주겠습니까. 모두가 전생 빚을 갚고 현생의 과보를 갚는 것입니다.

인과를 불신하는 사람이 있으나 털끝만큼도 속일 수 없습니다.

천당도 여러 종류가 있으니 욕심에 의해 만들어진 세계는 돈, 명예, 사랑 때문에 고생하고 거만, 의심 때문에 얻어진 세계는 고독 때문에 고생합니다.

수명은 천년, 만년이나 되어서 처자권속이 천만 명이 되어 하루도 편할 날이 없습니다.

비행기를 타고 다니는 놈들은 떨어져서 죽고 자동차를 타고 다니는 놈들은 부딪쳐서 죽고 배타고 다니는 놈들은 물에 빠져 죽는데 하늘이나 땅, 물속에서도 저 잘난 맛에 살고 있으니 누가 그 속을 알겠습니까.

여호와 천당은 그 속에서도 손뼉치고 찬송하고, 알라 천당은 그 속에서도 엎드려 절하면서 이단을 가려내고, 청평세계 대동세계에서는 양반, 상놈을 가려 계급 때문에 기를 펴지 못하고 있습니다.

그리고 색계에 이르면 아름다운 세상 때문에 욕망의 욕심은 모두 사라지고 연꽃과 같은 마음으로 단 이슬을 맛보고 삽니다.

범천(梵天)의 바라문들은 독경하는 재미로 살고, 정천의 선인(仙人)들은 공기만 마시고 살고, 광천(光天)의 선인들은 선열식(禪悅食)을 합니다.

여기에는 남의 시비를 보지 않고 오직 복덕으로 꽉 차 있기 때문에 한 가지도 부족한 것이 없습니다. 단지 걱정이 있다면 너무 한가한 것이고 오래 사는 것입니다.

천만 년, 억만 년 사는 세상에는 남의 복을 보고도 수용할 능력이 없고 단지 남의 즐거움을 감상하는 것으로 만족하고 삽니다. 그리고 4차원의 세계에서 사는 사람들은 형상이 없으므로 신통을 얻은 사람만이 그 속에 들어갈 수 있습니다.

허공처럼 끝도 갓도 없는 마음으로 무엇이고 보고 싶고 듣고 싶은 것은 색계천과는 달리 자기 마음속에서 수용하고 삽니다.

이미 마음에 자타가 없어지고 경계가 허물어졌으면 온 우주법계가 한 몸이 되어 백억 일월세계를 가지 않고도 제 마음속에서 수용합니다.

물론 그 가운데서도 자기 고집에 빠지는 사람이 더러 있으나 자기라는 생각까지도 놓아버린 사람들은 불생불멸(不生不滅), 불구부정(不垢不淨), 부증불감(不增不減), 생사를 자재하고 생멸, 증·감, 정·부정을 제 마음대로 수용하며 삽니다.

이것이 천당 지옥의 세계며 아귀 축생세계입니다.

나는 오랫동안 이들 세계를 낱낱이 돌아다니며 골고루 구경하고 대접받고 왔습니다. 나의 마음에는 분별 시비가 다 놓아졌기 때문입니다.

염라국에 가니 '지장(地藏)'이란 비구니 보살이 지옥 문전을 전전하면서 악도 중생을 구제하고 있었는데 참으로 거룩하고 엄숙했습니다.

그 분은 중생만 구제하는 것이 아니라 6도 중생을 골고루 제도하고 있었습니다.

그러므로 지옥에 가면 지옥중생과 같이 하고 아귀 축생에 가면 아귀 축생과 같이 했습니다.

종교적 색상과 사상적 이념이 따로 없으므로 가는 곳마다 귀한 손님이 되었는데 그들에게 해를 끼치지 않고 이로운 일을 하고 있었기 때문입니다.

이렇게 자유를 얻은 사람은 태초 이래 오직 한 사람 뿐 싯다르타가 있다고 하였습니다.

그는 영매에 의해서 귀신들이 일러 준 말을 듣고 말 하는 것이 아니고 오랜 세월 희생, 봉사 속에서 얻어진 지식과 지혜로 마침내 대각(大覺)을 이루었기 때문에 독창적인 선구자로 부각되고 있었습니다.

누구나 가지고 있는 본래 마음이 금광 속에 들어있는 다이아몬드와 같이 빛나고 있는데 다만 어둠(번뇌)에 가려 스스로를 보지 못하고 있을 뿐이라 하였습니다.

그리고 그가 깨달은 진리를 8만 4천 가지로 설명하였으나 뒤에 파벌이나 종파를 없애기 위해 '상(相)과 견(見)'을 내지 말라 하였고 '불교도 불교가 아니다'라고까지 극단적인 언어를 썼습니다.

그런데 그의 제자들이 패를 가르고 종파를 만들어 서로 싸우는 바람에 인도 불교는 거의 없어지고 자취만 남아 있습니다.

부모가 귀해서 자식이 귀해지는 경우도 있지만 자식들이 천해서 부모까지 천해지는 경우도 있습니다.

나는 하늘의 해와 달, 별을 보고 이 세상 만물이 시간 따라 윤회하는 것을 보고 해와 달, 별들에게 감사드리고 산과 물, 꽃들의 정신으로 아름답게 살아가고 있습니다."

"참으로 귀한 말씀 고맙습니다."

어디선가 노래 소리가 들렸다.

"만약 몸에 병이 있거든
마음 먼저 치료하십시오.
음식으로 고치지 못한 병은
약으로 고치기 어렵습니다.

화타, 편작의 보약도
밥 보다는 못하고
히포크라테스의 처방도
음덕의 보약만은 못합니다.

남이 칭찬하고 포상하는 것은 양덕이지만
집안 식구도 이웃도 모르게 쌓은 공덕이 음덕입니다.

착한 말 어진 행동은 옆 사람들을 즐겁게 하지만
절개를 지키고 상을 내지 않으면
부처 귀신도 모른다 하였습니다.

마치 보자기에 보물을, 포대기에 아기를 보호하듯이

덕을 쌓아 보호하면 인종, 국적, 성별, 종교,
직업, 신분에 관계없이 누구에게나 건강을 주는
아가타약 감로수처럼 그대의 정신과 육체를
끝없이 보호할 것입니다."

알타이 대학 세미나 08

얼음공주의 문신 이야기

다음은 얼음공주의 문신에 대한 이야기를 여러 학자들이 둘러 앉아 토론하였다.

"문신의 역사는 아마도 루마니아에서 발굴된 기원전 4900 ~4750년경 토기에 새겨진 신석기 시대 유물에서 그 유래를 찾아볼 수 있을 것 같습니다.

이것으로 보면 인간 육체에 새겨진 문신의 시작은 신석기 시대 아시아, 유럽 지역에서 유행되었던 것 같습니다.

알프스 산에서 발견된 기원전 4~5세기 신석기 시대에 살았던 것으로 추정되는 얼음 속에 결빙된 인간의 척추와 왼쪽 무릎 그리고 오른쪽 발목에서 볼 수 있었습니다.

이러한 문신의 목적은 아마도 문신이 새겨진 부분으로 보아 일종의 침술과 같은 전통 치유방법이 아니었을까 추측하고 있습니다."

"또한 이집트에서 발견된 미라에서도 볼 수 있는 것으로 미루어보면 문신은 기원전 2세기까지 거슬러 올라가야 합니다. 그때 게르만족, 켈트족 그리고 다른 중부 유럽과 북부 유럽에서는 문신술이 크게 발전하고 있었으니 말입니다.

스코틀랜드에 사는 부족의 무사들은 흑청으로 몸에 문신을 새겼다고 줄리어스 시저의 '골족 전쟁사'에 실려 있습니다. 상처에 재를 바르거나 일정한 도구로 상처를 내서 도료(塗料)를 삽입하여 문신이 새겨졌던 것 같습니다.

이 같은 문신은 2500년 전에 살았던 중앙아시아 스키타이족의 한 부족장 미라의 오른팔에 새겨진 것도 있고 또한 중국 타림 분지에서 발굴된 몇 개의 미라에서도 발견된 바 있습니다."

"고대 중국 사람들은 문신을 하나의 오랑캐족 행위로 간주하였습니다.

고대 중국 기록에 의하면 도적이나 민중속의 영웅들이 문신을 새겼다고 전해오고 있기 때문입니다.

최근 기록을 보면 청나라 때까지 죄수의 얼굴에 사람 인(人) 자의 문신을 새겼으며 또한 노예를 하나의 소유물로 취급했던 당시 사람들은 노예의 몸에 인(人) 자를 새겼던 것 같습니다.

특히 1280년대 남부 중국 광주 지역을 방문한 마르코폴로의 기록에 의하면 북부 인도에서 온 사람 가운데 많은 부분의 노동자들이 문신을 하고 있었으며 그 가운데는 우수한 문신 장인도 있었다고 합니다.

송나라 때 유명한 장군의 어머니는 전장에 나가는 아들의 등에 정충보국(精忠報國)이라는 문구를 새겨 기도하였습니다.

또 인도에는 두 종류의 문신이 있는데 영구 문신은 도구로 피부에 염료를 주입하는 것이고 임시 문신은 색감을 가지고 피부에 그림을 그리는 것이었으므로 임시 문신은 쉽게 제거될 수 있었습니다.

특히 남인도에서는 임시문신을 사용하였으며 이는 부족의 문화적 상징으로 '파차쿠따라뚜'라 부릅니다.

또한 북부에서는 카스트를 나타내는 표식으로 문신을 새겼는데 이를 '코드나'라고 합니다.

인도에서 문신의 도료로 사용되는 '한나'라 불리는 물감은 중동과 북아프리카 그리고 인도에서 많이 사용되는데 이는 머리 염색용이기도 합니다."

"이집트에서 문신은 주로 여인들에게 새겼는데 이것으로 보아 여인의 사회계급을 나타내는 상징이었던 것 같습니다.

또한 문신을 건강 치유 방법의 하나로 또는 종교적 의식으로, 그리고 범죄자에 대한 처벌의 일종으로 사용되었다 합니다.

그 증거로는 여인 미라에서 많은 문신 자국을 발견할 수 있었습니다. 푸케 의사는 추측하기를 미라의 몸에서 많은 문신을 발견할 수 있는 것으로 보아 당시 이집트에서는 병 치유의 한 방법으로 문신을 사용하였으며 많은 문신이 대퇴부에 새겨진 것을 보면 이러한 문신은 하나의 장식으로 새겨진 것이 아님은 확실합니다."

"스페인 통치 이전 필리핀 열도에서는 사회계급이나 개인의 업적 등을 나타내기 위해 문신을 사용하였습니다.
이것으로 보아 아마도 필리핀에서는 문신이 일종의 마술적 힘을 일으킨다고 생각했을 것입니다. 특히 문신은 북부 루손 지역의 토착 민간에 유행하였으니까요.
필리핀 열도의 문신에 관한 연구는 16세기 스페인 정복자들에 의하여 시행되었는데 이에 의하면 문신은 지역 사회원의 권한이나 계급을 나타냈다고 합니다."

"10세기에 쓰여진 기록에 의하면 스칸디나비아의 루스 부족은 손톱에서부터 목까지 모든 곳에 문신을 새겼는데 문양은 나무를 닮았습니다.
이 지역이 기독교화 되면서 문신을 금기시하고 계속해서 문신은 전대(前代) 이교도들이 사용했던 전통으로 간주하고 이를 법으로 금했습니다.
로버트 그레이브가 쓴 그리스 신화에 보면 지중해 지역에 사는 어떤 종교 단체의 많은 요원들은 문신을 즐겨 새겼으며, 이러한 내용이 구약성경 레위기에 나타나 있습니다.
특히 당시 노예들에게 문신은 아주 보편적인 유행이었습니다."

"일본에서는 문신을 이레즈미(人來黑)라 하는데 기원전 1만년 전 석기 시대부터 치장이나 정신적 수행의 한 방편으로 사용하여 왔습니다.

기원 1603~1868년 사이 일본에서 문신은 오직 방랑자의 일당들이 즐겨 새겼다고 합니다.

광부, 노동자, 창녀들이 자신들의 계급을 나타내는 하나의 표식이었습니다. 1720~1870년 사이에는 범죄자에게 하나의 체형으로 귀나 코를 자르는 대신 그 곳에 문신을 새겼다 합니다.

때로 범죄자에게 범법의 횟수를 나타내는 원을 새겨 범죄자임을 표시하였으며 명치 시대에 와서 이러한 관례는 파기되었습니다.

이와 함께 사회에서 문신 행위는 일종의 미개인의 행위로 보고 금지하였습니다.

이 때문에 범죄 집단이나 사회에서 제외된 집단들은 지하로 들어가 하위 문화권이 되었는데 그 가운데는 전직이 사무라이였던 늙은 무사들이 있었습니다.

이러한 사람들은 사회의 어떤 계층에도 속하지 아니하고 기피 대상이 되었는데 일본 마피아(야쿠자)를 만들어내는 계기가 되었습니다. 오늘날 일본에서 문신과 야쿠자가 동격으로 인식되는 것은 이 때문입니다."

"페르시아 문화에서 문신이나 몸에 그림을 그리고 구멍을 내는 행위는 수 천년 전부터 시작되었습니다.

기원전 5세기 아키메니드 왕국(기원전 550~330년)으로 전해 내려오는 상(천신, 왕, 무사)이나 석조 조각에 그 흔적이 남아 있습니다.

또한 유명한 문학작품에 나타난 기록은 기원 800년경에 쓰여진 이슬람 시인 루미의 시에 의하면 한 페르시아인이 자부심을 가지고 문신을 새기려 했는데 문신 바늘이 몸을 찌르자 고통을 느끼고 겁이 나서 문신 새기는 것을 포기했다는 기록이 있습니다.”

“대만의 원주민 타산족은 얼굴에 문신을 새겼는데 남자는 부족의 영토를 보호할 수 있다는 것을 보여 주기 위한 하나의 표식이었으며 여자는 가정을 지키고 바느질을 할 수 있는 재능을 나타내는 표시였다고 합니다.

대만은 필리핀, 인도네시아 그리고 여타 범태평양 지역인들의 문신의 발상지로 알려져 있습니다. 토착민들은 오늘날에도 얼굴에 문신을 새깁니다.”

“영국의 앵글로색슨 왕들은 거의 문신을 하였을 것으로 추측합니다.

이러한 문신 행위는 아마도 유럽 외의 세계와 접촉함으로써 시작되었다고 봅니다. 1577년 5월 31일 프로비셔경이 3척의 배에 120명의 선원과 함께 영국에서 중국으로 가는 항로를 발견하기 위해 서북쪽으로 항해하여 오늘날 알래스카에 도착한 후 그 곳의 이누이트 인디언의 한 남자와 여자, 그리고 아이를 데리고 귀국하였는데 인디언 여자의 턱과 앞이마에 문신이 새겨져 있어 당시 엘리자베스 1세의 영국 왕실에서 크게 매력을 느꼈다고 합니다.

그러나 이곳에 도착한 세 명의 미국 토착 인디언들은 한 달이 못가서 사망하였습니다.

또한 1691년 뎀피어는 서부 뉴기니아(오늘날 인도네시아)에서 몸에 문신을 한 원주민 한 명을 데리고 왔는데 이 문신을 본 영국 사람들은 이 외국인을 '몸에 그림을 그린 사람들'이라 불렀습니다.

1766년과 1779년 제임스 쿡 선장은 세 번에 걸쳐 남태평양을 탐사하였습니다. 그와 그의 선원들의 기록에 의하면 남태평양 군도의 사람들을 문신을 한 야만인들이라 불렀습니다.

이 때 처음으로 타투(tatoo : 문신)라는 단어가 영어로 쓰이게 되었습니다.

쿡 선장의 선상 기록에 의하면 타히티를 방문하였을 때 그곳 주민들 남녀가 모두 몸에 문신을 하였는데 그곳 사람들은 이를 타토우(tattow)라 불렀으며 이 문신은 지워지지 않는 것으로 이 문신을 하는 것은 무척이나 괴로운 과정으로 특히 둔부에 새긴 문신은 일생에 한 번 새기는 것이라 하였습니다.

쿡 선장의 배에 종사한 생물 탐사 장교인 뱅크 경은 영국 귀족 출신으로 귀족 사회에서 높게 평가를 받는 사람으로 쿡 선장이 이끄는 탐험대의 일원으로 일하기 위해 만 파운드의 거금을 투자하였는데 뱅크는 귀국하면서 몸에 문신을 새겼습니다. 이로 인해 많은 선원들이 문신을 새기기 시작하였다 합니다."

"19세기에 와서 영국 사회에서는 문신 행위가 유행되었으며 주로 선원들과 범죄 집단에 크게 퍼졌습니다.

1840년대에는 영국 귀족의 사립학교 학생들 간에 하나의 유행으로 성행하였으며 그 중에는 영국 왕족도 있었습니다.

유럽의 여러 왕들도 문신을 하였습니다. 그 가운데는 영국의 에드워드 7세, 조지 5세, 덴마크의 프레드릭 왕, 루마니아의 빌헬름 2세, 유고슬라비아의 알렉산더 왕, 심지어 소련의 니콜라스 2세도 문신을 하였습니다. 이러한 왕들은 몸에 왕실의 문장 또는 왕관을 새겼으며 오늘날 스페인 왕 알폰소 8세도 문신을 하고 있습니다.

영국에서는 귀족과 하층 계급에 사는 사람들이 문신을 즐겼으나 중산층의 영국인들은 문신을 기피함으로 계급 간에 선이 그어졌습니다. 권위를 내세우는 사람들은 문신을 멀리했지만 연로한 사람들이 문신을 하는 것은 특이한 행위로 간주하였습니다.

미국 독립 전쟁 이후 영국 해군에 종사했던 선원과 병사들은 자신들의 보호를 위해 정부로부터 발행 받은 신변 보호증을 소지함으로써 미국 시민이 되었습니다.

그러나 이러한 제도를 악용하는 외국 선원들이 많아서 영국해군 병사의 확실한 증거로 몸에 새겨진 문신을 증거로 삼았다고 합니다.

이와 같이 문신행위는 여러 가지 방법에 의하여 유행하게 되었습니다.

고대 그리스에서부터의 문신 행위는 계속해서 서구사회에 남아 있어 유행되었는데 타투(tatto)라는 단어는 쿡 선장에 의해 영어에 삽입되었다고 하지만 서구 사회에서 문신 행위는 새롭게 유입된 일은 아니고 그 이전부터 유행하였습니다.

이러한 오랜 문신 역사는 유럽에서 성지를 다녀올 때 문신을 새겨 오거나 신대륙 미국 토착 원주민 사이에서 문신을 새기기도 하였습니다."

"최초로 기록된 직업적 문신 행위를 보면 1846년 독일에서 이민 온 마틴 힐데브랜트가 보스톤에 도착하여 미국 남북전쟁에 참가한 양쪽 병사들에게 문신을 해 준 것입니다. 영국에서는 1870년대 리버풀에 문신 전문 장인이 상행위를 하였습니다. 당시 문신은 많은 비용이 드는 고통스러운 절차였으며, 1870년대에는 부와 왕족의 표시가 되기도 하였습니다.

1970년대 이후 문신은 서구사회를 시작으로 세계적으로 유행이 되었습니다. 당시 문신은 남녀를 불문하고 새겼으며 거의 모든 계층의 사람들이 이 유행을 따랐고 연령별로는 십대 후반부터 중년층에 이르기까지 있었습니다.

많은 미국 젊은이들에게 문신은 전 세대와는 다른 의미였습니다. 젊은이들에게 문신은 자신을 극적으로 재정의 하는 표식이었으며 이러한 행위는 사회 규범으로부터 비껴간 형태라기보다는 사회가 수용할 수 있는 표현으로 받아 들였습니다.

근래에 와서는 문신이 산업계로 몰려 왔으며 이 가운데 많은 장인들이 정식 예술교육을 받음으로써 새로운 도료가 발전되었고 이와 함께 문신 장비가 새롭게 개발되었습니다.

최근에 와서는 텔레비전 산업에 영감을 줄 만큼 대중문화 속으로 뚜렷하게 부상되어 가고 있습니다.

미국에서는 샌프란시스코에서 유명한 가수 제니스 조플린이 가슴골에 사랑의 표시인 작은 하트를 새김으로써 문신 예술이 대중에게 크게 받아들여졌습니다.

문신 예술이 하나의 예술로서 대중들이 받아들여지기 시작하기는 1970년대 이후부터입니다. 현대 미술 전람회와 시각 예술 기관에서는 문신을 예술로서 받아들이고 이를 깜짝 쇼처럼 전시하고 있습니다.”

“지난 30년 사이에 서구 사회에서는 빈부의 차이에 관계없이 그리고 성별을 넘어서 문신은 하나의 보편적인 행위가 되어 가고 있습니다. 이러한 문신의 근원은 미국 인디언과 일본 사람들의 특이한 부족 행위로서 이러한 부족들은 오늘날도 그 전통을 이어 가고 있습니다.

문신의 유행은 1890년대에 와서 전기 문신 기계가 발명되면서 점차적으로 보편화되었는데 1960년대에 와서는 문신을 새기는 신체 부위가 크게 다양화되었습니다.”

“학자인 아놀드 루빈은 1988년 ‘문명의 표시’라는 책을 펴냈는데 그 곳에는 문신의 역사와 함께 여러 형태의 문신들을 수집하여 보여 주고 있습니다.

이 책에서 루빈은 ‘문신부흥’이라는 언어를 만들어 냈습니다. 문신 부흥이란 문신 기술과 함께 문신 예술 그리고 문신에 대한 사회의 태도 변화를 설명하고 있는 것입니다.

문신을 새겨 지니고 있는 반문화 단체원들은 자신의 몸에 새겨진 문신을 미국 백인사회, 반 동성애에 대한 사회의 경시, 그리고 중산층의 빈민에 대한 천시 등의 사회적 추세에 대한 자신들의 부정적 입장을 나타내는 하나의 전시적 표현으로 문신을 새겨 노출시키기도 하고 있습니다.

또한 전 시대 문신의 디자인은 틀에 박힌 문양의 반복적 사용이었으나 오늘날에는 그 문양이 다양하며 특히 전신 문신으로 발전되어 가고 있습니다.

이러한 전신 문신은 일본과 태평양 지역의 부족들이 즐겨 새기고 있습니다. 그뿐 아니라 문양의 디자인도 다양하여 미래 지향적 양식으로까지 발전되고 있습니다.

이러한 추세에 따라 정규 예술 교육을 받은 예술가들이 대량 문신예술로 전향하기도 합니다."

"이러한 문신 발전사로 보아 문신은 사회 계층을 넘어 대중화 되어가고 있는 것입니다. 특히 여성 운동의 발전과 함께 여성들도 몸에 문신을 새기는데 주저하지 않고 있습니다.

1977년에 출간된 마고 미플린의 '여성과 문신의 비사(秘史)'에 의하면 여성의 문신 유행의 수용은 여성 인권 신장과 관계가 있다고 주장하고 있습니다.

오늘날 여성들의 문신은 자신의 신체에 대한 재탈환을 뜻하는데 이러한 사고는 특히 남성에 의한 신체적 수탈과 특히 유방암을 경험한 여성들의 감정적 표현이라고 할 수 있습니다.

이로써 보면 얼음공주의 문양은 귀족 종교인의 특성을 나타내면서도 당시 사람들의 생활상과 밀접한 관계가 있어 보입니다.

　아름다운 여인상, 청정한 귀족상 가운데서도 감히 누구도 근접하기 어려운 이상이 스며있는 것으로 보아 특히 종교 지도자로서의 풍모가 그 속에 깃들어 있지 않나 생각됩니다."

알타이 대학 세미나 09

여러 가지 주고받은 이야기들

세미나에 참석한 사람들이 무작위로 질문하고 답변하였다.

"당신은 저 얼음공주가 무엇을 믿고 무엇을 의지하고 있다고 생각하십니까?"

"집에는 가장이 있고 학교에는 교장이 있으며 도시에는 시장, 주(州)에는 지사, 국가에는 원수(元首)가 있듯이 이 세계에는 하나의 법이 있습니다.

이 세상의 모든 존재는 그 법에 의해 생산된 예술품이고 창작품입니다. 수려하고 절묘한 경치, 끝없는 지평선, 아름다운 꽃, 질서정연하게 이루어지는 밤과 낮, 해와 달, 별,

생물과 무생물이 대대로 이어 끊어지지 않고 나아가는 것은 오직 그 진리에 의해 이루어지고 있으므로 나는 그것을 의지하고 믿고 있습니다. 그러나 내가 그것에 이름을 붙이지 않는 것은 이 세상 모든 사람들이 그 이름에 의해 분열되고 종속될 염려가 있기 때문입니다.

어떤 사람은 그 이름을 하느님, 여호와, 알라라 부르지만 사실은 그 이름 때문에 이 지구상에는 얼마만한 종교전쟁이 일어났으며 그 전쟁으로 인하여 큰 희생을 치렀습니까.
그래서 나는 거기 법이란 이름까지도 붙이지 않고 삽니다.
진실로 내가 말하는 법은 법도 아닙니다.
단지 초시간, 초공간적인 점이 있으면서 시간 속에서 그 모습을 달리하고 공간 속에서 갖가지 작용을 나타나고 있을 뿐입니다. 누구든지 이 법을 알고 따르면 진정한 평화와 안락을 얻을 것입니다.
그러므로 옛사람이 말했습니다.

'여기 한 물건이 있으니
이름과 모양 없으나 고금에 관통하고
티끌 속에 있으면서 하늘땅을 에워쌌다.
속에는 온갖 것을 다 갈무리 하고 있으면서도
밖으로는 뭇 생명들을 따라준다.'

그래서 하늘, 땅, 사람의 주인이요
만법의 왕이라 하였습니다.
탕탕무애하여 그에 비길 것 없고

높고 높아 그에 막힘이 없습니다.
하늘, 땅보다도 먼저 하고
하늘, 땅보다도 뒤에 하는 것.

이것이 무엇이겠습니까.
종종 사람 가운데 뛰어난 사람이 태어나 자기가 본 대로 이야기하면 미련한 사람들이 거기 집착하여 하나의 꿀단지를 만듭니다. 마치 벌들이 그 속에서 죽어 가는 것 같이 말입니다.

천명론이나 운명론, 숙명론에 빠지는 사람은 이 법을 바로 알 수 없습니다. 수 천년, 수 만년 동안 고생한 뒤에야 '내 한 사람의 잘못으로 많은 사람들을 노예로 만들었구나.' 하는 것을 깨닫고 후회할 것입니다.

서양의 빌딩과 동양의 전당들을 보세요.
모두가 그들의 무덤이며 숭배의 대상입니다.
그것이 바로 우상 숭배이고 미신입니다.

확실하게 깨달음을 얻은 사람들은 그런 미신과 우상에 의지하지 않습니다.
잘못하면 그것이 곧 방법과 수단이 되기 때문입니다.

'여기 싱싱한 생수가 솟아나고 있습니다.
한 번 떠 잡수어 보십시오.
묵은 체증이 다 뚫리고

굽은 꼬챙이가 펴질 것이며
거꾸러진 것이 바로 설 것입니다.'

말만 들어도 시원하지요.

법은 진실로 만물을 사랑하고 어여삐 여깁니다.
만물을 위험에서 건져 주고 있습니다.
지혜가 충만하여 어리석음을 깨우쳐 주고
지극히 선하여 세상의 악을 없애 줍니다.

만일 이 세상 사람들이 이 법만 잘 지키면
건전한 시민이 될 것입니다.
맡은바 각자 책임을 다하고 의무를 실천할 것입니다.

깨달은 사람은 이 법을 따르고
운명이나 천명, 숙명을 말하지 않습니다.
그래서 자신의 권리를 보호받을 때
타인의 권리도 진심으로 존중하며 책임지고
창조적인 생활을 할 것입니다.

이 세상 누구도 개인의 자유를 박탈할 사람은 없습니다.
참된 영혼은 죄와 악에 물들지 않습니다.
자신을 허영의 탐욕에서 벗어나 있게 하기 때문입니다.
미신과 우상에 빠진 사람이 세상을 두려워합니다.
사이비신과 저급한 욕망에서 해방된 사람만이
저 법의 아름다운 진선을 실천할 수 있습니다.

서양의 모든 사상은 노아, 아브라함, 이스라엘, 이삭, 다윗, 모세, 예수, 무하마드가 만든 것이고 동양의 모든 사상은 3황 5제, 요순, 우탕, 문무, 주공, 공자와 바라문, 찰제리, 노자, 장자 등이 만들어낸 것입니다.

그들은 각기 자기가 본 세계를 자기 견해에 의해 설명하고 있으니 부처님처럼 확실하게 깨달은 사람은 아닙니다. 부처님은 깨달은 한 가지만 이야기했지만 깨달은 법에도 집착하면 병이 되기 때문에 어떠한 상(相)과 견(見)에도 집착하지 말라 하였습니다.

나는 불교신자는 아닙니다. 그러나 우리 영계(靈界)에서는 어떠한 교주를 중심으로 한 종교라는 것보다는 우주 인생의 근본을 밝히는 철학이요, 인과의 원리를 밝히는 과학이며, 사회의 질서를 실천하는 윤리 도덕이고, 다양한 교훈을 문학적으로 표현한 예술문학으로 생각하고 있습니다.

그러니 여러분은 믿고 신뢰하여 인간의 존엄성과 절망, 공포, 혼란 해방을 위해 함께 노력해 주십시오.

대부분의 성전은 계시에 의해 이루어졌고 특별한 사람들의 행위를 본받아 조직적으로 만들어졌습니다. 그러나 진실한 경전은 흰 종이 위에 새겨져 있는 글씨가 아니라 눈 뜨면 누구나 그리고 귀 있는 자가 들을 수 있는 진리여야 합니다. 어떤 장소나 시기에만 적용되는 것이 아니라 초시간, 초공간적인 입장에 있으면 그 시기와 장소에 쓰여질 수 있는 진리여야 합니다.

무당이 귀신에 들렸을 때 허기진 귀신이 들어오면 먹을 것만 생각하고 헐벗은 귀신을 만나면 입을 것만 생각하는 것 같은 것은 곤란합니다. 하늘 사람들은 결코 털 달린 피음식을 즐겨하지 않습니다. 감로를 마시고 살기 때문입니다."

　"그렇다면　장차 이 세계는 어떻게 되겠습니까?"

　"사람들은 자연을 무시한 채 제 재주만을 믿고 온갖 기술을 개발하여 스스로 그 재주에 묶이고 있습니다.
　그래서 자기가 만든 기차, 자동차, 비행기, 기선에 치어 죽고 장애인이 되고 전화, 전기, TV, 라디오에 얽매여 자신의 삶을 망각하고 남에게 의존하여 결국에는 기계의 노예가 될 것입니다.
　기계는 감정이 없으므로 무정하여 사람을 죽이고 상해도 죄책감도 없습니다. 만일 기계에게 감정까지 넣어 기계를 사랑한다면 만일 사람이 기계를 미워할 땐 기계는 사람을 저주하여 가루로 만들어 버릴 것입니다.
　사람 뿐이겠습니까. 사람이 사랑하는 모든 것, 사람과 인연이 있는 세계와 동식물까지도 가루를 내버리고 말 것입니다.
　그러므로 기계를 사용하는 사람은 지극히 조심하여야 하는데 그런 생각을 하는 사람이 몇이나 되겠습니까."

　"사실 종교인들은 사랑스러우면서도 무자비합니다.
　자기가 믿고 있는 신뢰와 원리 이외에는 용납하는 바가 없기 때문에 신을 역이용하여 세상을 괴롭히는 일도 많이 있습니다.

이것은 인류의 역사가 잘 증명하고 있습니다. 전지전능한 신을 의지하여 무지한 사람, 한정된 능력 속에서 교신하는 사람들은 그 신을 핑계하여 더욱 괴롭게 하는 사람도 많습니다. 그래서 공산주의자들은 '종교는 아편'이라고 하는 것입니다.

한 하늘 밑에 살고 있는 생명을 어느 하느님이 차별하겠습니까. 그는 일찍이 그 이름을 '하느님'이라 불러본 일도 없습니다. 사람들이 그렇게 이름을 짓고 그의 모습을 보고 그의 소리를 들은 것처럼 이야기 하여 무지한 사람들이 조상 대대로 살아온 땅을 제 것인 양 그들을 죽이고 빼앗고 몰아냈습니다.

생각해 보십시오. 어머니 뱃속에서 빈 손으로 태어난 사람이 언제 땅, 물을 가지고 태어났습니까.

태어난 이후 먹고 쓰고 산 것만도 고맙게 생각해야 하는데 거기 금을 긋고 네 것, 내 것을 따지고 있으니 참으로 한심스런 일입니다.

계속해서 이 세상의 잘못된 면만 드러내는 것 같으니 이만 이야기를 마치겠습니다.

얼음공주를 위하여 10년이 넘도록 애써 주신 여러분께 감사드리며 만복이 깃들도록 축원합니다."

알타이 대학 세미나 10

뒷풀이

우코크 사람들의 노래와 춤

우리는 세상을 돌아보고 진속(眞俗)이 다르지 않음을 보았는데
어찌 그 속에서 같고 다른 것을 가지고 다툴 수 있겠습니까.

비었다고 색 밖에 있는 것이 아니고
빛 또한 빈 것을 여의지 않고 있습니다.

공작이 하늘을 나는 기러기를 보고 비로소 고개를 숙이고
푸른 소나무가 아니면 겨울의 눈, 서리를 보지 못합니다.

염정(染淨)은 권실(權實)로써 알지 못하고
화복(禍福)은 길흉(吉凶)을 깨닫지 못합니다.

음양이 합쳐야 만물이 이루어지고
짜고 싱거운 것이 도와야 여덟 가지 맛이 납니다.
계절(四季)이 없이는 오미(五味)를 이룰 수 없으니

골바람이 소호(嘯虎)를 따뜻하게 하고
아롱진 구름이 등룡(登龍)을 찾듯 합니다.

지조를 지키더라도 속연(俗緣)을 끊지 않고
은둔하더라도 부모를 거스르지 아니하면
이것이 진짜 화광동진(和光同塵)이요
물속의 연꽃과 같습니다.

바른 도는 비고 통하여
이르는 곳마다 통하지 아니함이 없나니
해와 달이 천지를 비추는 것과 같습니다.

소라 껍질로 바닷물을 다 퍼낼 수 없고
대롱 구멍으로 하늘을 다 볼 수 없습니다.

일하는 이의 수고로움을 불쌍히 여기지 아니하면
머무는 자의 편안함이 부끄럽게 됩니다.

책을 읽어도 바른 이치를 깨닫지 못하면
헛된 지혜가 거만함만 부추기게 됩니다.

높은 빌딩 화려한 궁전은 장사꾼들의 생각이고

허름한 돌담 서까래 집은
백성들을 사랑한 사람들의 터전입니다.

큰 산은 백 가지 돌을 버리지 않고
큰 바다는 방울 물도 다 받아들입니다.

송곳 하나 세울 것 없이도
요순의 덕을 키워가는 사람이 있고

주지육림(酒池肉林)에 천하를 호령하고도
하루 아침에 죽어간 사람도 있습니다.

알타이 대학 세미나 11

얼음공주의 노래

얼음공주가 하늘로 날아가면서 노래하였다.

비고 고요한 것이 제1 공이고
구름 속에 반짝이는 것이 제2 공이네.
비바람 속에 날리는 눈 제3 공이고
푸른 솔 대나무 제4 공이네.

공적(空寂) 속에 나타난 환(幻) 제1 공이고
오르고 내리고 갔다 왔다 제2 공이네.
만물을 촉촉이 축이는 것 제3 공이고
굳은 절개 깊은 뜻은 제4 공이네.

공중의 물색은 유무공(有無空)이고
한 생각 사상은 무유공(無有空)
진짜 빈 속에 묘유(妙有)가 있으니
소소역력, 참되고 한결 같아라.

생사의 바다에는 반야선이 제1이고
열반의 언덕에는 해탈선이 제1이네.

해도 공하고 달도 공하고 떴다 졌다 세월만 쌓이고
남자도 공하고 여자도 공하니 황천노상에서는 만나 볼 수 없네.

떠난 지 얼마 되지 아니하면
하루에 세 때 먹던 밥이 1주일에 한번
세월이 지나니 백년에 한 번도 먹을 것이 없어라.

그래서 어리석은 사람들은 이집 저집 돌팔이가 되었다가
마지막엔 노중걸인이 되어 집도 절도 없는 신세가 된다네.
그래서 집을 버리는 자는 속히 떠나야 하고
떠난 길은 망설이지 말고 쭉 한 길을 가야 한다네.

하나는 생사의 길,
공덕 따라 태어나는 복덕의 길이요

하나는 열반의 길,
항상 즐겁게 살아가는 깨달음의 길이다.

착한 일 했으면 천당 갈 것이고
양심대로 살았으면 인도 환생할 것이나
한 생각 놓아버리면 열반의 길
거기에는 일찍이 나고 죽음 없었다네.

아름다운 자연이 보존되어 있는 우코크는 1994년 전까지는 널리 세계에 알려지지 않고 있다가 얼음공주가 발견되면서 세계적인 관광지로 도약, "하늘나라로 가는 입구"로 알려졌다.

세계 에스페란토 협회 임원인 서길수 박사님께서는 시베리아 횡단열차를 타고 동유럽 민박 여행을 하면서 또 비행기로 우코크에 가서 얼음공주와 사랑하고 그가 살던 구석기 시대의 바위 그림, 돌 틈바귀에 끼인 두메 양귀비를 보았다.

그리고 또 플뤼이 롤뤼츠 2,907m 고개에서 구름과 얼음에 쌓인 대초원의 우코크를 바라보면서 고대 알타이의 비밀을 탐색하였다.

아름다운 고원의 얼음강 우코크는 그 자체가 지구촌의 예술품이었으며 중국 국경을 이루는 악-알라하 강 또한 영원히 잊을 수 없는 우리의 고향이었다고 한다.

제주도의 돌하르방과 밭 가운데 돌로 쌓은 묘지들은 마치 2,000년 전 우랄 알타이 종족들이 사용하던 꾸르간과 같았으며 타고 다니는 조랑말, 제주박물관의 물고기 문양, 그런 것들은 하늘에서 뚝 떨어진 것도 아니고 땅에서 푹 솟은 것도 아니었다.

그는 우리들의 얼굴빛이 카자흐와 위구르족에 가까운 것, 아시아와 유럽인들의 원주민 빠지락 오꾸네보, 에라꼴 문화 및 까라숙 문화와 관계가 있다는 것도 알아차리고 마침내 신라 황남대총의 비밀을 찾아냈다.

또 스카이 종족과 류신족이 우리 조선족과 연관이 있다는 것도 찾아냈고 남요녕성 일대의 메 산(山) 자 모양의 왕관, 봉황관이 어디에서 연유된 것인가도 밝혔다.

알타이의 선비사상이 "신라(新羅)"라는 언어를 만들어냈다고 하는 역사적 사실을 밝혀냈고 고구려와 가야, 신라와의 교통관계를 그려냈다.

우코크에서 산악자전거를 타고 얼음강에서 낮밥을 먹기 위해 내려오면서 본 곳곳의 오보(鄂博)와 까이라에서 우리의 선왕당을 상상하였다.

우리가 사용한 언어는 우랄 알타이 계통이라고 본다. 그러나 우랄 계통에도 7~8개가 넘고 그냥 알타이만 말한다면 50개가 넘는다 하니 궁금한 사람은 그곳을 가보아야 할 것이다. 그곳에는 옛 우리 할아버지, 할머니들이 그대로 움직이고 있기 때문이다.

또 받들어야 할 분들이 많이 있다.

사라진 "무(MU)제국"과 "동이문자(東夷文字)"의 근원을 밝힌 강상원 박사님, 사라져 가는 도덕사회에 생명수를 불어넣고 있는 김지수 박사님… 모두가 이 나라의 석좌 교수님들이시다.

나이 많고 병들고 힘없다고 업신여기면 안 된다.
학자와 선비는 나이 들수록 귀해진다.
쭈그러진 밤톨 속에
아름드리 밤나무가 숨어 있기 때문이다.
우리 민족의 얼을 개척하고
세계 인류의 역사를 캐내시는 개척자들께
뜨거운 박수를 드리고
오래오래 건강하시길 손 모아 빈다.

우코크의 얼음공주

2015년 1월 25일 인쇄
2015년 1월 30일 발행
발 행 인 | 불교통신교육원
발 행 처 | 불교정신문화원
저　　자 | 활안 한정섭
인　　쇄 | 이화문화출판사 (02-738-9880)
주　　소 | 477-810 경기도 가평군 외서면 대성리 산 185번지
전　　화 | 031) 584-0657, 02) 969-2410
등록번호 | 76.10.20 제6호
I S B N | 978-89-6438-138-0
정　　가 | 10,000원

※ 본 책의 내용을 무단으로 복사 또는 복제할 경우, 저작권법의 제재를 받습니다.
※ 잘못 만들어진 책은 바꾸어 드립니다.